W0060539

Josefine Humberg

Scheidung ohne Tränen?
Auswirkungen elterlicher Trennung auf
das Sozialverhalten der Kinder

Diplomica® Verlag GmbH

Humberg, Josefine: Scheidung ohne Tränen? Auswirkungen elterlicher Trennung auf das Sozialverhalten der Kinder, Hamburg, Diplomica Verlag GmbH 2010

ISBN: 978-3-8366-8422-4
Druck Diplomica® Verlag GmbH, Hamburg, 2010

Bibliografische Information der Deutschen Nationalbibliothek
Die Deutsche Nationalbibliothek verzeichnet diese Publikation in der Deutschen Nationalbibliografie; detaillierte bibliografische Daten sind im Internet über http://dnb.d-nb.de abrufbar.

Die digitale Ausgabe (eBook-Ausgabe) dieses Titels trägt die ISBN 978-3-8366-3422-9 und kann über den Handel oder den Verlag bezogen werden.

Dieses Werk ist urheberrechtlich geschützt. Die dadurch begründeten Rechte, insbesondere die der Übersetzung, des Nachdrucks, des Vortrags, der Entnahme von Abbildungen und Tabellen, der Funksendung, der Mikroverfilmung oder der Vervielfältigung auf anderen Wegen und der Speicherung in Datenverarbeitungsanlagen, bleiben, auch bei nur auszugsweiser Verwertung, vorbehalten. Eine Vervielfältigung dieses Werkes oder von Teilen dieses Werkes ist auch im Einzelfall nur in den Grenzen der gesetzlichen Bestimmungen des Urheberrechtsgesetzes der Bundesrepublik Deutschland in der jeweils geltenden Fassung zulässig. Sie ist grundsätzlich vergütungspflichtig. Zuwiderhandlungen unterliegen den Strafbestimmungen des Urheberrechtes.

Die Wiedergabe von Gebrauchsnamen, Handelsnamen, Warenbezeichnungen usw. in diesem Werk berechtigt auch ohne besondere Kennzeichnung nicht zu der Annahme, dass solche Namen im Sinne der Warenzeichen- und Markenschutz-Gesetzgebung als frei zu betrachten wären und daher von jedermann benutzt werden dürften.

Die Informationen in diesem Werk wurden mit Sorgfalt erarbeitet. Dennoch können Fehler nicht vollständig ausgeschlossen werden und der Verlag, die Autoren oder Übersetzer übernehmen keine juristische Verantwortung oder irgendeine Haftung für evtl. verbliebene fehlerhafte Angaben und deren Folgen.

© Diplomica Verlag GmbH
http://www.diplomica-verlag.de, Hamburg 2010
Printed in Germany

INHALTSVERZEICHNIS

1. **Einleitung** 1

2. **Methodische Vorgehensweise** 2
   2.1 Ziele der Arbeit 2
   2.2 Aufbau der Arbeit 3

3. **Ehe und Scheidung in Deutschland gestern und heute –
   ein Überblick** 5

4. **Ehescheidung und die Konsequenzen für die betroffenen Familien** ... 7
   4.1 Veränderungen in den Lebensbedingungen geschiedener Familien .. 7
   4.1.1 Überforderung der allein erziehenden Elternteile 7
   4.1.2 Finanzielle Situation und Erwerbstätigkeit 8
   4.1.3 Wohnsituation und soziale Netze 8
   4.2 Fazit 9

5. **Elterliche Trennung aus der Perspektive der Kinder** 11
   5.1 Der Prozess der Trennung 11
   5.1.1 Ambivalenz- oder Vorscheidungsphase 11
   5.1.2 Trennungsphase 12
   5.1.3 Nachscheidungsphase 13
   5.2 Konfliktfelder der Kinder 14
   5.2.1 Loyalitätskonflikt 15
   5.2.2 Selbstwertkonflikt und Schuldgefühle 16
   5.2.3 Verlustängste 17
   5.2.4 Parteilichkeitskonflikt 18
   5.3 Fazit 18

6. **Scheidungsreaktionen** 20
   6.1 Sichtbare vs. Unsichtbare Reaktionen 20
   6.2 Sozialverhalten 21
   6.2.1 Altersspezifische Reaktionen von Kindern 21
   6.2.1.1 Kinder im Alter von 7 bis 8 Jahren 21
   6.2.1.2 Kinder im Alter von 9 bis 12 Jahren 22
   6.2.2 Geschlechtsspezifische Reaktionen von Kindern 23
   6.3 Schulische Leistungen und ihre Bedingungen 25
   6.4 Weitere Reaktionen 29
   6.5 Fazit 29

7. **Scheidung ist nicht gleich Scheidung – Faktoren, die das
   Scheidungserleben der Kinder beeinflussen** 31
   7.1 Qualität der Beziehung zwischen Kind und Eltern 31
   7.2 Qualität der Beziehung zwischen den getrennten Eltern 32
   7.3 Sozialer Kontakt zu anderen Bezugspersonen 33

8.   Die ausgewählten Fallstudien aus dem Projekt LISA&KO. 34

   8.1   Auswahlkriterien 34

   8.2   Analyse der Fallstudien 35

     8.2.1 Trixi 35

       8.2.1.1   Steckbrief 35

       8.2.1.2   Sozialverhalten 36

       8.2.1.3   Schulische Leistungen und ihre Bedingungen 38

       8.2.1.4   Weitere Auffälligkeiten 40

     8.2.2 Tim-Niklas 40

       8.2.2.1   Steckbrief 40

       8.2.2.2   Sozialverhalten 41

       8.2.2.3   Schulische Leistungen und ihre Bedingungen 42

       8.2.2.4   Weitere Auffälligkeiten 44

     8.2.3 Leslie Annabell 45

       8.2.3.1   Steckbrief 45

       8.2.3.2   Sozialverhalten 46

       8.2.3.3   Schulische Leistungen und ihre Bedingungen 48

       8.2.3.4   Weitere Auffälligkeiten 51

     8.2.4 Timo 52

       8.2.4.1   Steckbrief 52

       8.2.4.2   Sozialverhalten 54

       8.2.4.3   Schulische Leistungen und ihre Bedingungen 55

       8.2.4.4   Weitere Auffälligkeiten 57

9.   Zusammenfassung der Ergebnisse aus den Fallstudien 59

   9.1   Sozialverhalten 59

   9.2   Schulische Leistungen und ihre Bedingungen 61

   9.3   Weitere Auffälligkeiten 62

   9.4   Faktoren, die das Scheidungserleben beeinflussen 63

10.   Literaturverzeichnis..69

11.   Anhang I

1. Einleitung

Im Jahr 2004 wurden mehr als 200.000 Ehen in Deutschland geschieden.[1] Diese Zahl ist erschreckend, vor allem dann, wenn man bedenkt, dass fast die Hälfte dieser Scheidungen nicht nur eine Trennung zweier erwachsener Paare, sondern auch die Trennung von Eltern und Kindern bedeutet.[2] Lange Zeit stand in erster Linie die Situation der Erwachsenen, das heißt der Vorgang zwischen Mann und Frau auf Paarebene, im Mittelpunkt des Forschungsinteresses. Auch bei den rechtlichen Regelungen im juristischen Scheidungsverfahren stehen die Belange des Paares meist im Vordergrund. Dabei ist es unbestritten, dass die Kinder unter den lang andauernden und heftigen Konflikten der Eltern vor, während und nach der Scheidung extrem leiden.

Für viele Eltern scheint eine Scheidung meist der einzige Ausweg aus einer unerträglichen Situation zu sein, für die betroffenen Kinder allerdings bedeutet der Verlust eines Elternteils nicht nur den Untergang einer Welt, sondern den Untergang „ihrer" Welt, an die sie fest geglaubt und auf die sie stets vertraut haben. Untersuchungen haben sogar ergeben, dass der Tod eines Elternteils weniger negative Auswirkungen auf die Kinder haben kann als eine Trennung der Eltern. Die ungelösten Probleme einer Scheidung bewirken die schier unendliche Fortsetzung von Konflikten, wohingegen der Tod ein endgültiger Abschied ist, mit dem die Kinder nach einiger Zeit abschließen können.[3]

Diese erschreckenden Untersuchungsergebnisse, die steigenden Scheidungszahlen und eigene autobiografische Erfahrungen brachten mich zu der Entscheidung, eine Arbeit zu verfassen, in der in erster Linie die Perspektive der betroffenen Kinder im Vordergrund steht.

---

[1] vgl. Tabelle 3, Anhang
[2] vgl. Tabelle 4, Anhang
[3] vgl. Hetherington/ Kelly 2003, S. 22

2. Methodische Vorgehensweise

2.1 Ziele der Arbeit

Im Rahmen der hier vorliegenden Arbeit möchte ich zeigen, wie Kinder den traumatischen Prozess einer Trennung erleben. Dabei liegt mein Ziel in der ausführlichen Darstellung der kindlichen Reaktionen, bei der ich neben allgemeinen Reaktionen den Blick insbesondere auf die Auswirkungen auf das Sozialverhalten und die schulischen Leistungen richten möchte. Zusätzlich soll die individuelle Einzigartigkeit in der Auseinandersetzung bzw. Bewältigung der Kinder hervorgehoben werden, denn nicht jede Scheidung verläuft gleich und nicht jedes Kind reagiert in der gleichen Art und Weise auf das Auseinanderbrechen der Familie. In diesem Zusammenhang werde ich auch der Frage nachgehen, welche Faktoren im Wesentlichen dafür verantwortlich sind, wie sich das Verhalten der betroffenen Kinder während bzw. nach einer Trennung entwickelt. Ich werde im Rahmen dieser Arbeit nicht auf die möglichen Langzeitfolgen (z.B. Folgen, die erst im Erwachsenenalter zu beobachten sind) einer Trennung eingehen, sondern zum überwiegenden Teil (in drei von vier Fällen) die ersten beiden Jahre nach der Scheidung betrachten, da in dieser Zeit die meisten Verhaltensänderungen zu beobachten sind.[4]

Neben der theoretischen Darstellung dieser Thematik besteht das weitere Ziel dieser Arbeit in der qualitativen Analyse von ausgewählten Einzelfallstudien, die im Rahmen des Forschungsprojektes „LISA&KO. – Lernbiografien im schulischen und außerschulischen Kontext", welches seit 1999 an der Universität Siegen unter der Leitung von Hans Brügelmann und Hans Werner Heymann durchgeführt wird, entstanden sind. In diesem Projekt werden die Lebensbedingungen von Kindern im Alter zwischen fünf und 15 Jahren und ihre individuelle Lernentwicklung im sozialen Kontext untersucht und in Einzelfallstudien von Studierenden der Universität festgehalten. Das Ziel meiner Auswertung besteht insgesamt in der Verbindung von Theorie und Praxis. In diesem Zusammenhang sollen die aus der einschlägigen Scheidungsforschung gewonnenen Erkenntnisse und Aussagen anhand der ausgewählten Einzelfallstudien entweder bestätigt oder widerlegt werden. Werden meinerseits neue, in

---

[4] vgl. Hetherington/ Kelly 2003, S. 155ff.

der Theorie nicht genannte Beobachtungen festgestellt, so sollen diese im Rahmen dieser Arbeit ebenfalls aufgedeckt und genannt werden.

2.2 Aufbau der Arbeit

Insgesamt gliedert sich die hier vorliegende Arbeit in zwei Teile, den Theorieteil und die Auswertung der Fallstudien. Zum Abschluss der Arbeit findet eine Verbindung beider Teile statt, indem ich die Ergebnisse meiner Querauswertung unter Rückbezug der Ergebnisse aus dem Theorieteil zusammenfasse.

Der erste Teil der Arbeit beginnt mit einem kurzen Überblick über die quantitative Entwicklung von Ehe und Ehescheidung in Deutschland. Anschließend werden die veränderten Lebensbedingungen geschiedener Familien betrachtet. Das Wissen und die Kenntnis der neu auftretenden Probleme im Alltag aller Familienmitglieder nach einer Scheidung sind wichtig, um die Komplexität der Thematik zu verstehen. Denn die häufig zu beobachtenden Störungen der Beziehung zwischen Eltern und Kindern beruhen unter anderem auch auf der Ursache, dass ganz praktische Probleme die Neuorientierung nach einer Scheidung zusätzlich erschweren.

Schwerpunkt des theoretischen Teils bildet die Darstellung der Trennung aus der Perspektive der betroffenen Kinder. Hier werden neben dem Prozess der Trennung mit seinen verschiedenen Phasen auch die wichtigsten Konfliktfelder der Kinder erläutert. Dabei handelt es sich oft um unsichtbare, innerpsychische Vorgänge, die für die Kinder zu teils starken Problemen anwachsen können. Im Weiteren werden die verschiedenen Reaktionsweisen der Kinder auf die elterliche Trennung beschrieben. Ich habe mich bemüht, die Darstellung in diesem Abschnitt für den Leser so transparent wie möglich zu gestalten, was bei der Fülle von Fakten, die in der Literatur präsentiert wird, nicht immer leicht ist. Zum diesem Zweck habe ich die zahlreichen Reaktionsweisen nach verschiedenen Kategorien geordnet. Dabei wird das Sozialverhalten nach Geschlecht und Alter differenziert, da hier deutliche Unterschiede zu finden sind.

Zum Abschluss des Theorieteils gehe ich kurz auf einige Faktoren ein, von denen das individuelle Erleben einer elterlichen Scheidung und die daraus resultierenden Folgen für die Kinder im Wesentlichen abhängig sind.

Im zweiten Teil meiner Arbeit erfolgt die Auswertung der Fallstudien. Insgesamt sollen vier Fallstudien aus dem Projekt LISA&KO. betrachtet werden. Nach einer kurzen Begründung zur Auswahl der Fallstudien werde ich die persönlichen Eckdaten der jeweiligen Kinder zunächst in einem Steckbrief kurz vorstellen. In der darauf folgenden Analyse der jeweiligen Fallstudie werde ich zwei Punkte besonders hervorheben.

Zum einen werde ich die Auffälligkeiten im Sozialverhalten des jeweiligen Kindes darstellen. Dabei sollen sowohl offensichtliche als auch weniger sichtbare Verhaltensänderungen dargestellt werden, wobei die weniger sichtbaren Auffälligkeiten eine mehr oder minder starke Interpretation meinerseits erfordern und deshalb stets als Vermutung und nicht als objektive Beobachtung betrachtet werden müssen. Zum anderen werde ich die schulischen Leistungen der einzelnen Kinder betrachten. Dazu werde ich in erster Linie auf die Testergebnisse aus den Fallstudien zurückgreifen. Zudem sollen aber auch andere Auffälligkeiten in der Schule wie z.B. Konzentrationsverlust, verringerte Motivation, Tagträumereien oder das häufige Vergessen von Hausaufgaben, welche im Folgenden mit Bedingungen von schulischen Leistungen bezeichnet werden, mit in meine Analyse eingehen. Als Basis dienen hier neben den Beobachtungen der Autoren der Fallstudien die Aussagen der entsprechenden Lehrer (Lehrerinterviews).

Im Anschluss an die Auswertung der einzelnen Fallstudien werde ich die gesammelten Ergebnisse zusammenfassen und untersuchen, in wie weit sich die im Theorieteil dieser Arbeit gewonnenen, zu Thesen zusammengefassten Ergebnisse in den Fallstudien bestätigt haben oder nicht.

3. Ehe und Scheidung in Deutschland gestern und heute – ein Überblick

Die traditionelle Form der Familie, in der die Eltern als gerichtlich anerkannte Ehepartner zusammenleben, unterliegt in Deutschland einem immer stärkeren Verfall.[5]

Insgesamt wurden in Deutschland im Jahr 2004 546.570 Ehen gelöst. Dabei entfielen 60,8 % aller Ehelösungen auf den Tod eines Ehepartners und 39,1% auf die gerichtlichen Ehescheidungen.[6] Während 1990 die Zahl der Ehescheidungen in Deutschland bei nur 154.789 lag, stieg diese bis 2004 auf 213.691 an.[7] Die Scheidungsrate ist dementsprechend von 29,2% (West-Deutschland) bzw. 22,3% (Ost-Deutschland) im Jahr 1990 auf 43,6 % (West-Deutschland) bzw. 37,1% (Ost-Deutschland) im Jahr 2003 gestiegen.[8]

Von diesen hohen Scheidungszahlen sind insbesondere die Kinder betroffen, denn jede zweite Ehe, die 2004 geschieden wurde, hatte mindestens ein minderjähriges Kind. 18,4% der geschiedenen Ehen hatten sogar zwei und 4,6% drei oder mehr Kinder. Damit wurden 2004 bundesweit insgesamt ca. 170.000 minderjährige Kinder den Folgen von Ehescheidungen ausgesetzt. Oder anders ausgedrückt: Bei 1000 Ehescheidungen sind 790 Kinder unter 18 Jahren von der Trennung ihrer Eltern betroffen und müssen anschließend in einer Ein-Eltern-Familie leben[9].

Dementsprechend wuchsen 2003 knapp 2,2 Millionen Kinder – somit fast jedes siebte Kind (15%) unter 18 Jahren in Deutschland – bei einem allein erziehenden Elternteil auf. Damit stieg der Anteil der Minderjährigen bei Alleinerziehenden seit 1996 um drei Prozent an.[10] Im Zeitraum von 1980 bis 2004 sind insgesamt gut 3,5 Millionen minderjähriger Kinder zu Scheidungskindern geworden. Neben Gründen wie dem Tod eines Elternteils bzw.

---

[5] vgl. Tabellen 1 und 2 sowie Abbildung 1 und 2, Anhang
[6] vgl. Tabelle 1, Anhang
[7] vgl. Tabelle 2, Anhang
[8] vgl. Abbildung 2, Anhang
[9] vgl. Tabelle 3, Anhang
[10] vgl. Emmerling 2005, S.1279

Ehepartners (8%) oder ledigen Müttern und Vätern (31%) stellt die gerichtliche Ehescheidung mit 42 % den häufigsten Grund dafür dar.[11]

Wie dieser kurze – aber durchaus erschreckende – Überblick über die aktuellen Zahlen der Ehescheidungen in Deutschland zeigt, hat die Familie in ihrer ursprünglichen Form in unserer heutigen Gesellschaft an Bedeutung verloren. Durch Gesetzesänderungen und durch den Wandel moralischer Vorstellungen ist es für Ehepaare immer leichter geworden, ihre Beziehungen wieder zu lösen und sich ihr Leben so einzurichten, wie es ihren persönlichen und individuellen Vorstellungen entspricht. Immer mehr Ehen werden schon nach wenigen Jahren - meist zwischen dem dritten und neunten Ehejahr[12] - wieder geschieden. Die Gründe dafür sind meist sehr vielfältig und werden in dieser Arbeit nicht näher beleuchtet. Für die betroffenen Kinder ist es jedoch zweitrangig, warum ihre Eltern sich trennen: Die daraus resultierenden Veränderungen bereiten allen Familienmitgliedern und insbesondere den betroffenen Kindern meist große Probleme.

Das folgende Kapitel soll die Folgen der Ehescheidung für die betroffenen Familien aufzeigen, wobei ich besonders auf die allgemeinen Veränderungen in den Lebensbedingungen eingehen möchte.

---

[11] vgl. Statistisches Bundesamt 2004
[12] vgl. Emmerling 2005, S. 1281

4. Ehescheidung und die Konsequenzen für die betroffenen Familien

Entscheidet sich ein Ehepaar – meist nach einer langen Phase der Auseinander-setzungen – für eine Trennung, so bedeutet dies meist nicht nur den Auszug eines Ehepartners bzw. Elternteils, sondern eine völlige Neuorientierung für die gesamte Familie. Alle Beteiligten müssen sich mit den Veränderungen ihres neuen Lebens auseinandersetzen. Mit welcher Situation die Betroffenen konfrontiert werden, hängt von vielen Faktoren ab und für jede Familie ergibt sich eine andere Konstellation von Problemen. Trotzdem lassen sich einige Problemfelder identifizieren, die fast alle allein erziehenden Mütter oder Väter betreffen und auf die ich im Folgenden eingehen möchte.

4.1 Veränderungen in den Lebensbedingungen geschiedener Familien

4.1.1 Überforderung der allein erziehenden Elternteile

Nach einer Scheidung bleibt meist ein Elternteil mit den Kindern allein und muss von diesem Zeitpunkt an ohne die Hilfe des Partners auskommen. Dieser sorgeberechtigte Elternteil muss nun den Alltag selbständig organisieren und stößt meist schon nach kurzer Zeit auf große Schwierigkeiten. „Wenn ein Erwachsener plötzlich die Arbeit von zweien macht, sind oft häusliche Desor-ganisation und Überlastung die Folge."[13] Nach der Studie von Hetherington/ Kelly kämen die Kinder frisch geschiedener Mütter z.B. öfter zu spät zur Schule, und der Familienalltag sei gekennzeichnet durch unregelmäßige Es-sens- und Bettgehzeiten.[14] Viele Alleinerziehende sind zu Beginn mit dem Aufbrechen der oft lange gewohnten Familienstrukturen überfordert und kön-nen nur noch reagieren statt sinnvoll zu agieren. Die praktischen Lebensprobleme wie z.B. die Neustrukturierung des Alltags ohne den Partner an der Seite gehören laut Hetherington/ Kelly mit zu den größten Stressbelas-tungen in der ersten Phase[15] der Scheidung.[16]

---

[13] Hetherington/ Kelly 2003, S. 70
[14] vgl. Hetherington/ Kelly 2003, S. 71f.
[15] die einzelnen Phasen einer Trennung werden in Kapitel 5.1 näher erläutert
[16] vgl. Hetherington/ Kelly 2003, S. 70

4.1.2 Finanzielle Situation und Erwerbstätigkeit

Da die Scheidung meist auch eine Veränderung der finanziellen Situation bedingt, muss der sorgeberechtigte Elternteil nicht nur den Alltag der Restfamilie organisieren, sondern zusätzlich meist noch selbst arbeiten gehen, um die schlechte ökonomische Situation auszugleichen. Nach Braches-Chyrek liegt die Erwerbsquote der allein erziehenden Mütter, die Vollzeit erwerbstätig sind, bei 63%.[17] Insbesondere die Doppelbelastung von Erwerbstätigkeit und der Ausübung der Elternrolle bringt viele Alleinerziehende schnell an den Rand der Erschöpfung. In der Literatur zur Situation geschiedener Familien werden deshalb die schlechte finanzielle Situation und die daraus resultierende Berufstätigkeit der allein erziehenden Mutter als entscheidende Faktoren für die Gesamtproblematik einer Scheidung angesehen.[18] Zu der Belastung durch den allein zu organisierenden Alltag und die neue Erwerbstätigkeit kommen häufig noch Probleme der Kinderbetreuung hinzu. Die allein erziehenden Eltern sind auf Krippen, Kindergärten und Horte angewiesen. Freie Plätze sind hier jedoch leider nicht sofort greifbar und so werden viele Kinder bei den Großeltern oder Freunden und Nachbarn untergebracht. Im schlimmsten Fall sind die betroffenen Kinder auf sich selbst gestellt und müssen die Zeit allein zu Hause verbringen.

4.1.3 Wohnsituation und soziale Netze

Als Folge der oft schlechten ökonomischen Situation vieler allein erziehender Eltern müssen diese sehr häufig auch ihr vertrautes Wohnfeld verlassen, um in eine kleinere und preisgünstigere Wohnung zu ziehen. Dies bedeutet neben großen organisatorischen Aufgaben auch, dass viele bestehende soziale Beziehungen und Netzwerke beendet werden müssen. Da die neue Wohnung meist weniger Raum bietet, bestehen insbesondere für die Kinder nur wenige Möglichkeiten, ihre Freizeit in der Wohnung zu verbringen. Braches-Chyrek hat in ihrer Untersuchung zur Situation von Ein-Eltern-Familien eine Korrelation zwischen der Wohnumwelt und den sozialen Netzen von Kindern festgestellt. Danach hänge die subjektive kindliche Attraktivität „[...] auch von der Möglichkeit ab, Freunde oder Freundinnen zu sich nach Hause einzuladen, dies wird bedingt durch die Größe und Ausgestaltung der Kinderzimmer, als auch

---

[17] vgl. Braches-Chyrek 2002, S. 83
[18] vgl. Price-Bonham & Balswick 1980; zit. nach: Fthenakis/ Niesel/ Kunze 1982, S. 104

die dort zur Verfügung stehenden Spielmöglichkeiten."[19] Somit verhindern Platzmangel und nicht zuletzt die tagtägliche Überlastung des allein erziehenden Elternteils sehr häufig den sozialen Kontakt zu gleichaltrigen Spielgefährten. Statt neue Freundschaften in der neuen Wohngegend zu knüpfen, werden Fernseher und Computer zur Bekämpfung der Langeweile oder als praktischer Babysitter missbraucht. Auch hier konnte Braches-Chyrek eine Korrelation zwischen der Größe sowie der Ausstattung der Wohnung und der Mediennutzung feststellen.[20]

4.2 Fazit

Bereits durch diese genannten Punkte wird deutlich, dass die Folgen einer Scheidung für alle Familienmitglieder sehr weit reichend und vor allem sehr facettenreich sind. Verschärfend wirkt sich die Tatsache aus, dass alle Problemfelder eng miteinander verknüpft sind und die Probleme deshalb meist nicht isoliert, sondern zusammen auftreten. Alle Familienmitglieder – ganz besonders aber die sorgeberechtigten Elternteile und die Kinder – müssen somit nach der Trennung lernen, mit vielen, nahezu zeitgleich auftretenden, unbekannten und oftmals auch beängstigenden Situationen zurechtzukommen.

Wie bereits deutlich wurde, sind die Kinder der Familien meist am stärksten von den Veränderungen betroffen. Fehlende finanzielle Mittel, ein beengender Wohnraum ohne Platz für kindgerechte Freizeitgestaltung, der Verlust von Freunden aufgrund eines Wohnortwechsels und nicht zuletzt der Verlust eines geliebten Elternteils – alle diese Dinge belasten die Kinder stark. Während viele Eltern oft froh sind, dass der Partner endlich ausgezogen ist und die ständigen Auseinandersetzungen ein Ende haben, leiden die meisten Kinder sehr unter der neuen Situation.

Doch was bedeutet das genau, wenn wir sagen, die Kinder leiden unter der Situation? Wie erleben die Kinder die Trennung ihrer Eltern wirklich? Welche Konflikte bewegen sie und welche Auswirkungen hat die Scheidung der Eltern auf die betroffenen Kinder? Und welche Phase einer Scheidung birgt die größten Gefahren für die kindliche Entwicklung? Alle diese Fragen sollen im

---

[19] Braches-Chyrek 2002, S. 128
[20] vgl. Braches-Chyrek 2002, S. 130f.

nun anschließenden Kapitel erörtert werden, wobei ich den Schwerpunkt auf die Reaktionen der Kinder legen möchte.

5. Elterliche Trennung aus der Perspektive der Kinder

5.1 Der Prozess der Trennung

Bevor ein Ehepaar sich zu einer endgültigen Trennung entscheidet, ist meist schon eine lange Zeit vergangen. Häufig geht der Scheidung bereits eine andauernde Ehekrise voran, in der es häufig zu heftigen Auseinandersetzungen kommt. Die Scheidung ist somit ein dynamischer Prozess, der sich in verschiedene Phasen unterteilen lässt. In der Literatur unterscheidet man meist zwischen „Vorscheidungs- oder Ambivalenzphase", „Trennungs-" und „Nachscheidungsphase".[21] Neben diesem Drei-Phasen-Modell existieren auch andere wissenschaftliche Modelle mit mehreren Phasen[22], jedoch beruhen meine folgenden Ausführungen auf der oben genannten Unterteilung einer Ehescheidung. Jede dieser Phasen birgt spezielle Risiken für die betroffenen Kinder. Im Folgenden werden die einzelnen Phasen mit dem Blick auf die möglichen Auswirkungen auf die Kinder näher beschrieben und erläutert.

5.1.1 Ambivalenz- oder Vorscheidungsphase

Ein Kind spürt meist schon lange, bevor sich die Eltern trennen, dass „etwas nicht stimmt". Egal, ob sich die Eltern lautstark streiten oder einfach nur beharrlich anschweigen, die betroffenen Kinder nehmen diese Veränderungen schon sehr früh wahr. „Erwachsene denken häufig, ihr Kind werde von den Konflikten nichts bemerken, wenn sie diese einfach nicht erwähnen, wenn sie nur heimlich weinen und Auseinandersetzungen nur hinter verschlossenen Türen austragen."[23] Diese Gedanken sind jedoch nicht richtig. Kinder spüren auch ohne Worte, dass sich die Verhältnisse innerhalb der Familie und zwischen den geliebten Eltern geändert haben. „Kinder sind in dieser Phase einer dauernden Verunsicherung hinsichtlich der Verlässlichkeit ihrer Eltern, hinsichtlich ihrer Wertschätzung für diese und hinsichtlich des künftigen Miteinanderauskommens ausgesetzt und spüren deutlich die Gefahr eines drohenden Verlassenwerdens."[24] Auch Bauers beschreibt in ihren Ausführungen zu den psychischen Folgen von Trennung und Scheidung für Kinder die

---

[21] Schmitt 1997, S. 21ff.
[22] vgl. u.a. Kaslow/ Schwartz 1987, zit. nach: Schmitt 1997, S. 22
[23] Goldstein/ Solnit 1989, S. 26
[24] Schmitt 1997, S. 24

Vorscheidungsphase als eine Situation „permanenter Verunsicherung" und „drohender Gefahr, verlassen zu werden."[25] Die ständigen Spannungen zwischen den Eltern machen dem Kind Angst, vor allem dann, wenn es gar nicht weiß, worum es geht. Die meisten Kinder sind somit nicht erst zum Zeitpunkt der Trennung von den Folgen betroffen, sondern schon lange zuvor.

5.1.2 Trennungsphase

Nach Schmitt beginnt die Trennungsphase mit dem tatsächlichen Auseinandergehen (durch den Auszug eines Elternteils) und endet mit dem Scheidungsurteil.[26] Für das betroffene Kind bedeutet die räumliche Trennung eine drastische Veränderung. Hatte es zuvor stets zwei Ansprechpartner, so muss es von nun an mit nur einem Elternteil zurechtkommen. Es mag zwar nach außen so aussehen, als sei diese Trennung eine Verbesserung der zuvor angespannten Situation in der Familie, jedoch fühlen sich die meisten Kinder in einer solchen Situation hilflos und ängstlich. Durch die Trennung werden sie aus ihrer Sicherheit, die sie in ihrer Familie hatten, herausgerissen und wissen nicht, was als nächstes passiert. Laut Figdor löse die Konfrontation mit dem Weggang eines Elternteils eine ganze Reihe von Ängsten und anderen Gefühlen aus. Zum einen hätten die verlassenen Kinder große Angst, den ausgezogenen Elternteil für immer verloren zu haben und nie wieder zu sehen und zum anderen gäben sich viele Kinder selber die Schuld an der Trennung.[27] Wie Wallerstein/ Kelly in ihren Untersuchungen feststellten, gebe sich nahezu jedes zweite Kind selbst die Schuld an dem Auszug eines Elternteils. „Je kleiner die Kinder sind, desto häufiger fühlen diese sich schuldig."[28] Figdor erklärt dies damit, dass sich die Kinder in einem gewissen Entwicklungsstadium als „Mittelpunkt der Welt" fühlten und sich somit nicht vorstellen könnten, dass irgendetwas ohne ihr eigenes Zutun passiere.[29] Ihr eigenes Handeln sei folglich ursächlich für alle folgenden Geschehnisse, wie z.B. die Trennung der Eltern.

---

[25] Bauers 1997, S. 43
[26] vgl. Schmitt 1997, S. 25
[27] vgl. Figdor 1998, S. 21ff.
[28] Wallerstein/ Kelly 1980, zit. nach: Figdor 1998, S. 23
[29] vgl. Figdor 1998, S. 23

In dieser Phase der Scheidung sei die „emotionale und reale Vernachlässigung der Kinder sowie ihre innere Zerrissenheit zwischen den Eltern am größten."[30] Dies trifft ganz besonders dann zu, wenn die Eltern ihre Kinder dazu nutzen, den anderen Partner zu bekämpfen. Die Kinder werden dann zum Spielball im elterlichen Konflikt. Viele Eltern sind in dieser Scheidungsphase leider nicht in der Lage, den Kindern in adäquater Weise beizustehen, da diese meist zu sehr mit ihren eigenen Gefühlen und Ängsten beschäftigt sind. Somit ist „das Scheidungskind mit dem Erleben der Trennung meist allein gelassen, weil seine Eltern sein seelisches Leid nicht wahrnehmen."[31] Die Eltern sind zu dieser Zeit in ihrer eigenen Trauer gefangen und können ihren Kindern meist nur wenig Unterstützung bieten, obwohl die Hilfe und das Verständnis der Eltern für die Kinder gerade jetzt am meisten benötigt würde. „Statt Hilfe zu erhalten, wird das Kind immer einsamer, wodurch die scheidungsspezifischen Affekte an Stärke gewinnen und die Angst immer größer wird."[32]

5.1.3 Nachscheidungsphase

Schmitt definiert die Nachscheidungsphase als den Zeitraum zwischen der juristischen Scheidung vor Gericht und der emotionalen Loslösung von dem ehemaligen Partner.[33] In dieser Phase kommen zu dem Schmerz und der Trauer um den Partner bzw. den verlorenen Elternteil noch die Belastungen aus den teils drastischen Lebensveränderungen (wie in Kapitel 4 beschrieben) hinzu. Insbesondere die Kinder sind nach der Trennung einem Interessengegensatz ausgesetzt. Während die Eltern ihre Bindung zum Partner lösen wollen, besteht das Ziel der Kinder darin, die Beziehung zu beiden Elternteilen zu erhalten. Die Kinder fühlen sich somit zwischen ihren eigenen Interessen und dem Loslösungskampf der Eltern gefangen und wissen meist nicht, wie sie diesen Konflikt allein lösen sollen.[34]

Figdor ist der Ansicht, dass die Zeit nach der Trennung die kritischste Phase im Scheidungsprozess darstelle, da die Angst und die Probleme der betroffenen Kinder in diesem Stadium der Scheidung meist noch zunähmen. Die Auswirkungen dieser Nachscheidungsphase seien demnach sehr bedeutsam,

---

[30] Bauers 1997, S. 48
[31] Bauers 1997, S. 49
[32] Figdor 1998, S. 54
[33] vgl. Schmitt 1997, S. 27
[34] vgl. Schmitt 1997, S. 32

insbesondere im Hinblick auf die mittel- und langfristigen Folgen der Scheidung für die Kinder. Würden die psychischen Konflikte in dieser Phase der Trennung nicht gelöst, so Figdor, könne es zu einem „Zusammenbruch des Abwehrsystems" kommen, bei dem unser psychisches Gleichgewicht, mithilfe dessen wir unsere innerpsychischen Konflikte bewältigen, gestört wird. In so einem Fall würden alte Konflikte aus früheren Zeiten wieder hervorgerufen, die wiederum Panik und Ängste bei dem Kind auslösten, mit denen es allein nicht klar komme.[35] Es könne demzufolge zu einem plötzlichen „Rückfall eines großen Teils der Gesamtpersönlichkeit in frühere Stadien der Entwicklung" [36] kommen, welcher sich unter anderem durch Bettnässen oder einer Kommunikation mittels Babysprache bemerkbar mache.[37]

Insgesamt ist die Nachscheidungsphase von einer völligen Neuorientierung aller Parteien geprägt. „Die Reorganisation der Familie stellt […] große Aufgaben für die Beteiligten dar und kann über Jahre dauern."[38] Dabei gestalte sich meist die „Anpassung an die Scheidungswirklichkeit mit z.T. gravierenden sozialen und ökonomischen Scheidungsfolgen"[39] als besonders problematisch.

Ob es den Eltern und speziell den Kindern gelingt, die Zeit nach der Trennung gut zu überstehen, hängt von verschiedenen Faktoren ab, auf die ich in Kapitel 7 noch näher eingehen werde. Abschließend möchte ich an dieser Stelle festhalten, dass in den einzelnen Phasen des Trennungsprozesses jeweils sehr spezifische Konfliktpotentiale und Reaktionen der betroffenen Kinder auftreten. Ich werde mich in meinen kommenden Ausführungen jedoch auf die Zeit nach der Trennung (Nachscheidungsphase) und den daraus resultierenden Konflikten und Reaktionen konzentrieren, weil ich in meiner anschließenden Fallanalyse ebenfalls auf die Reaktionen der Kinder in der Zeit nach der Trennung eingehen werde.

5.2 Konfliktfelder der Kinder

In der Zeit nach der Trennung fällt es den meisten Kindern sehr schwer, sich mit der neuen häuslichen Situation zurechtzufinden. Der Verlust der alltägli-

---

[35] vgl. Figdor 1998, S. 27f.
[36] ebd. , S. 27
[37] vgl. ebd., S. 69ff.
[38] Schmitt 1997, S. 27
[39] ebd.

chen Beziehungen zum getrennten Elternteil und die veränderten sozioökono-mischen Lebensbedingungen erschweren die Neuorientierung. Neben diesen Problemen wird in der Literatur allerdings ein weiteres Konfliktfeld, nämlich die Einbindung der Kinder in den elterlichen Konflikt, als wesentlich wichtige-rer Faktor für die seelische Belastung angesehen.[40] Auch wenn Eltern versuchen, die Beziehungsprobleme vor ihren Kindern so weit wie möglich zu verstecken, so scheitern diese Versuche doch meist schon in ihren Anfängen. Warum die Kinder trotz ernsthafter Bemühungen der Eltern unter der familiä-ren Situation stark leiden und was genau diese Konflikte ausmacht, soll nun in den folgenden Abschnitten näher beleuchtet werden.

5.2.1 Loyalitätskonflikt

Fast jedes Kind verfolgt nach einer Trennung das Ziel, seine gute Beziehung zu beiden Elternteilen aufrecht zu halten. Das Kind möchte seine Erlebnisse in der Schule oder mit Freunden sowohl dem Vater als auch der Mutter erzählen und diese mit ihnen gemeinsam teilen. Dies ist durchaus verständlich und nachvoll-ziehbar, haben sie doch bis vor der Trennung noch gemeinsam als eine Familie miteinander gelebt. Als wäre es nicht schwer genug für die betroffenen Kinder, die Veränderungen zu akzeptieren, so nutzen viele Eltern die Loyalität der Kinder aus, um negative Gefühle gegenüber dem ehemaligen Partner auszule-ben. „Viele Sorgeberechtigte [...] setzen ihre Kinder gegenüber den Nichtsorgeberechtigten unter Druck, indem sie ihre eigene Zuneigung und Zuwendung zum Kind von seiner Haltung zu diesem Elternteil abhängig ma-chen."[41] Dabei ließen sie, so Osthoff weiter, keine Gelegenheit aus, den ehemaligen Partner bei den Kindern schlecht zu machen.[42] Nicht selten wird die Erwartung an das Kind gestellt, sich als „loyaler Verbündeter" zu verhal-ten, und so wird mitunter der Kontakt zu dem anderen Elternteil verboten oder mit Missachtung bestraft. Für die Kinder erscheint solch eine Situation oft unlösbar, denn sie lieben beide Elternteile, müssen aber gleichzeitig befürch-ten, dass die „Absage an die Bedürfniserwartungen zum Verlust der Liebe des betreffenden Elternteils führt."[43] Verbringen die Kinder eine schöne Zeit mit dem nicht sorgeberechtigten Elternteil, so lernen diese schnell, über die Erleb-

---

[40] vgl. Osthoff 1997, S. 119
[41] ebd., S. 120
[42] vgl. ebd.
[43] Figdor 2004, S. 151

nisse zu schweigen, um das Vertrauensverhältnis zum Sorgeberechtigten nicht zu verlieren. Nach Aussage von Osthoff könne es sogar vorkommen, dass die Kinder aus Angst vor den eventuell auftretenden Sanktionen lieber etwas Negatives berichten und sich somit weiter als „Verbündeter" ausgeben.[44]

Figdor beschreibt diese schwierige Situation der Kinder sehr eindrucksvoll. „Es ist ganz schlimm, zwei Menschen lieb zu haben und gleichzeitig zu merken, dass ich das eigentlich nicht dürfte und sollte, weil ich spüre, dass die Mama erwartet, dass ich den Papa ebenso wenig lieb habe, wie sie es inzwischen tut (und umgekehrt)."[45] Diese Worte beschreiben sehr prägnant, in welchen Zwiespalt die Kinder geraten. Je schlechter die Beziehung zwischen den Eltern nach der Trennung ist, desto stärker leiden die Kinder unter diesen Loyalitätskonflikten (vgl. auch Kapitel 7.2).

5.2.2 Selbstwertkonflikt und Schuldgefühle

Judith Wallerstein fand in einer der umfangreichsten Langzeitstudien zu den Auswirkungen von Scheidung auf die Kinder heraus, dass durch die Auseinandersetzungen zwischen den Eltern nicht nur die oben beschriebenen Loyalitätskonflikte entstehen könnten, sondern sich zudem ein unbewusstes Gefühl bei den Kindern entwickele, dass diese „in ihrer Existenz unerwünscht" seien.[46] Nicht selten würden gerade aus diesem Grund bei betroffenen Kindern massive Probleme mit dem Selbstwertgefühl diagnostiziert und häufig in der Literatur als eine der spezifischen Folgen einer Scheidung genannt.[47] Hinzu kommt, dass sich viele Kinder selbst die Schuld an der Scheidung der Eltern geben. Wie oben bereits erwähnt betrachten sich Kinder – vor allem jüngere – meist als den „Mittelpunkt der Welt" und seien, laut Figdor, davon überzeugt, dass sie selbst die wichtigsten Liebespartner der Eltern sind. Ausgehend von dieser Überzeugung werde die Trennung der Eltern gleichgesetzt mit einem Scheitern der kindlichen Beziehung zum verlassenden Elternteil.[48] „Diese Schuldphantasien werden in vielen Fällen durch die Erinnerung verstärkt, dass

---

[44] vgl. Osthoff 1997, S. 122
[45] Figdor 1998, S. 43
[46] vgl. Wallerstein/ Kelly 1980; zit. nach: Figdor 2004, S. 151
[47] vgl. Figdor 2004., S. 212
[48] vgl. ebd., S. 36

sich ein beträchtlicher Teil der Auseinandersetzungen zwischen den Eltern um Fragen der Erziehung, also um das Kind gedreht hatten."[49]

Ein weiterer Grund für die eigenen Schuldzuweisungen liegt in der Vorstellung, dass die intensiven kindlichen Wünsche Realität gewinnen könnten. „In seiner Vorstellung kann ein kleines Kind Einfluss auf andere Menschen nehmen […] so scheint es doch möglich, dass sein Zorn, seine Wünsche und sein Verhalten schließlich bewirkt haben, dass sein Vater bzw. seine Mutter ausgezogen ist."[50] Hat ein Kind seine Eltern oft durch Ungehorsam verärgert, so betrachtet es z.B. den Auszug des Vaters als Strafe für sein schlechtes Verhalten. Auch dadurch erlebt sich das betroffene Kind als Schuldiger für die Trennung der geliebten Eltern und wieder kann es zu einem Verlust des kindlichen Selbstwertgefühls kommen.

5.2.3 Verlustängste

Neben den beschriebenen Schuldgefühlen und dem daraus resultierenden Selbstwertkonflikt leidet der überwiegende Teil aller Scheidungskinder unter der massiven Angst, nach der Trennung von einem Elternteil nun auch von dem anderen Elternteil verlassen zu werden. Durch den Weggang eines Elternteils verlieren die Kinder meist den Glauben in die Unvergänglichkeit der Liebe. Die Erfahrung, dass die Mutter den Vater nicht mehr liebt und ihn deshalb fortschickt (oder umgekehrt), lässt die Kinder daran zweifeln, dass die Liebe zwischen Eltern und Kind ewig hält.[51] Zusätzlich befürchten die Kinder, dass ihre Auseinandersetzungen mit dem sorgeberechtigten Elternteil eventuell dazu führen, dass sie ebenfalls weggeschickt werden, denn schließlich waren die häufigen Auseinandersetzungen der Eltern aus der Sicht der Kinder ein wesentlicher Grund, warum ein Elternteil ausgezogen ist. Aufgrund dieser Ängste lässt sich sehr oft eine verstärkte soziale Anpassung der Kinder im Sinne einer positiven Verhaltensänderung beobachten. Diese versuchen zwanghaft, Konflikte zu vermeiden, um so der „Gefahr des Verlassenwerdens zu entgehen."[52] Dass dieses angepasste Verhalten und das ständige Bemühen um Harmonie zwischen Kind und Eltern in einigen Fällen auch zu Problemen

---

[49] ebd.
[50] Goldstein/ Solnit 1989, S. 30
[51] vgl. Figdor 2004, S. 38
[52] ebd.

in der Eltern-Kind-Beziehung führen können, wird später am Beispiel einer Fallanalyse noch deutlich (siehe Kapitel 8.2.3).

5.2.4 Parteilichkeitskonflikt

Wie in der Beschreibung des Trennungsprozesses zuvor bereits angedeutet leiden Kinder meist schon vor der eigentlichen Scheidung unter den Auseinandersetzungen zwischen den Eltern. Denn diese erleben das elterliche Streitverhältnis keineswegs als Außenstehende. Die Kinder hegen meist den starken Wunsch, dass die Eltern die Auseinandersetzungen beenden, jedoch kommen sie meist sehr schnell zu der Erkenntnis, dass dieser Wunsch sich nicht realisieren lässt. Osthoff ist der Ansicht, dass die starke gefühlsmäßige Bindung der Kinder zu beiden Elternteilen diese dazu zwängen, sich im Streit der Erwachsenen für ein Elternteil entscheiden zu müssen. Daraus folge dann automatisch eine Ablehnung des anderen Elternteils.[53] „In dem Maße, wie das Kind die elterlichen Konflikte als Verletzung eines Elternteils erlebt, entwickelt es […] ein Bedürfnis nach revanchierender Verletzung des anderen Elternteils.“[54] Doch genau dieses Bedürfnis stehe nach Ansicht von Osthoff im Widerspruch zu der von Liebe und Vertrauen geprägten Beziehung zwischen diesem Elternteil und dem Kind.[55] Insgesamt wird deutlich, dass die ständigen Konflikte zwischen den Eltern zu andauernden widersprüchlichen Empfindungen bei den betroffenen Kindern führen. Mit diesen umzugehen, stellt die Kinder vor eine große Herausforderung, die noch dadurch erschwert wird, dass die Eltern oft versuchen, die Kinder auf ihre Seite zu ziehen. Der ständige Wechsel abgeforderter Parteilichkeit seitens der Eltern lässt diesen Konflikt zudem noch weiter wachsen.

5.3 Fazit

Wie anhand der hier geschilderten Konflikte deutlich wird, gibt es sehr verschiedene Gründe, warum Kinder unter der Trennung ihrer Eltern leiden, wobei natürlich nicht jedes Kind immer von allen Konflikten gleichermaßen betroffen ist. Was anhand der bisherigen Ausführungen jedoch festzustellen ist, ist die Tatsache, dass die Beziehungsqualität zwischen den Eltern einerseits sowie zwischen Eltern und Kindern andererseits einen stärkeren Einfluss auf

---

[53] vgl. Osthoff 1997, S. 120
[54] ebd.
[55] vgl. ebd.

die Folgen für die Kinder zu haben scheint, als die Trennung selbst. Oft ist es nicht die Trennung selbst, die die Kinder so stark belastet, sondern die damit einhergehenden Veränderungen und ganz besonders die beschriebenen andauernden Konflikte.

6. Scheidungsreaktionen

Jede Scheidung verläuft anders und jedes Kind reagiert auf die auftretenden Probleme unterschiedlich. Eine allgemeine Aussage über die Folgen der zuvor dargestellten innerpsychischen Konflikte ist demnach sehr schwierig. Dennoch konnten in der langjährigen Forschung zu dieser Thematik spezifische Reaktionsweisen beobachtet werden, die nach einer Trennung bei den betroffenen Kindern sehr häufig auftraten. Der folgende Abschnitt soll die sichtbaren und unsichtbaren Reaktionen darstellen, wobei ich neben allgemeinen emotionalen Reaktionen (z.B. Weinen) besonders auf das Sozialverhalten und die schulischen Leistungen eingehen möchte.

6.1 Sichtbare vs. Unsichtbare Reaktionen

Bevor ich auf die einzelnen Reaktionen der Scheidungskinder eingehe, möchte ich kurz erklären, was im Folgenden mit dem Wort „Scheidungsreaktionen" beschrieben werden soll. In der Literatur wird zwischen unsichtbaren und sichtbaren Reaktionen unterschieden, wobei die unsichtbaren Reaktionen die „psychischen Vorgänge" umfassen und die sichtbaren Reaktionen die „Verhaltensänderungen" der Kinder beschreiben.[56] Nach der Ansicht von Figdor fänden die psychischen Vorgänge zwar auch Ausdruck im Verhalten, allerdings sei dieser Zusammenhang nicht zwingend und demnach könne von den Verhaltensweisen allein keine Aussage über das „seelische Reagieren" des Kindes getroffen werden. Die betroffenen Kinder könnten somit sehr wohl unter der Trennung leiden, dies äußere sich jedoch nicht immer in – für die Umwelt oder Eltern – sichtbaren Symptomen bzw. Reaktionen. Das Ausbleiben von sichtbaren Affekten sei kein sicheres Indiz dafür, dass die betroffenen Kinder die Trennungssituation ohne Probleme bewältigen.[57]

Da ich einen Teil der unsichtbaren Reaktionen im Sinne von psychischen Vorgängen wie z.B. Schuldgefühle oder Loyalitätskonflikte bereits in meinen Ausführungen zu den Konfliktfeldern (s. Kapitel 5.2) erläutert habe, werde ich an dieser Stelle in erster Linie auf die *sichtbaren* Scheidungsreaktionen, d.h. den offensichtlichen Verhaltensänderungen der Kinder eingehen. Dabei ist aber

---

[56] vgl. Figdor 1998, S. 29ff.
[57] vgl. ebd.

eine bestehende Kausalität zwischen den innerpsychischen Konflikten und den für die Umwelt sichtbaren Reaktionen anzunehmen. So kann z.B. ein starker Loyalitätskonflikt bei den Kindern zu vermehrten Aggressionen führen oder Verlustängste durch ein stark angepasstes Sozialverhalten sichtbar werden.

6.2 Sozialverhalten

Im Folgenden möchte ich Sozialverhalten definieren als die sichtbaren Verhaltensweisen, die ein Kind gegenüber seinem sozialen Umfeld zeigt. Als soziales Umfeld sollen dabei Eltern und Geschwister sowie Freunde, aber auch die Klassenkameraden und Lehrer in der Schule gelten. Da die Reaktionen im Sozialverhalten je nach Alter und Geschlecht sehr unterschiedlich ausfallen, werde ich diese im Folgenden differenziert darstellen.

6.2.1 Altersspezifische Reaktionen von Kindern

Die Reaktionen auf eine Trennung der Eltern sind stark davon abhängig, in welchem Entwicklungsstadium sich das entsprechende Kind befindet. Dieses ist wiederum abhängig vom Alter des Kindes. Deshalb wird in der Literatur meistens eine Unterteilung der Reaktionen nach dem Alter vorgenommen. Die folgenden Altersangaben dienen nur als ungefähre Richtwerte und können je nach Quelle geringfügig variieren. Ich werde hier nur die Reaktionsweisen von Kindern im Alter zwischen 7 und 11 Jahren betrachten, da die Kinder aus meinen Fallstudien dieser Altersgruppe entsprechen.

6.2.1.1 Kinder im Alter von 7 bis 8 Jahren

Das Leitsymptom in dieser Altersklasse ist eine anhaltende Traurigkeit. „Im Gegensatz zu den Vorschülern, die oft verleugneten, was mit ihnen geschah, waren sie [die Schulkinder] sich ihres Leidens sehr bewusst und hatten beträchtliche Schwierigkeiten, sich Erleichterung zu verschaffen."[58] Interessanterweise geben sich Kinder in diesem Alter meist nicht mehr selbst die Schuld für die Trennung der Eltern, dennoch erlebe die Mehrheit der Kinder nach den Aussagen von Fthenakis/ Niesel/ Kunze die Auflösung der Familie als „Bedrohung ihrer gesamten Existenz", da sie befürchten, nach dem Vater auch noch die Mutter zu verlieren. Hintergrund für diesen Gedanken ist die Tatsache, dass, so Fthenakis/ Niesel/ Kunze weiter, viele Kinder in diesem Alter noch nicht in der Lage seien, zu erfassen, dass die Trennung von beiden

---

[58] Beal/ Hochmann 1992, S. 45

Elternteilen ausging. Die betroffenen Kinder seien demzufolge der Meinung, ihr Vater sei verärgert und habe deshalb die Familie verlassen. Nun befürchten sie, die Mutter könne ebenfalls gehen, wenn diese sich über das Verhalten des Kindes ärgere.[59]

Bezüglich des Sozialverhaltens konnte man feststellen, dass die Kinder in dieser Altersgruppe zum keine oder kaum Aggressionen zeigen. Ist dieses Verhalten doch bei fast jeder jüngeren Altersgruppe zu beobachten, so zeigen die Sieben- bis Achtjährigen ein eher unauffälliges im Sinne von wenig aggressives Sozialverhalten. Ihre tiefe Traurigkeit äußert sich vielmehr in einer starken Angepasstheit an ihr soziales Umfeld. Da die Kinder meist Angst haben, dass sie auch von anderen Bezugspersonen verlassen werden könnten, wird aggressiven Gefühlen keinen Raum gelassen. Nicht zuletzt wegen dem stark angepassten Verhalten wird von den Eltern fälschlicherweise häufig angenommen, dass ihre Kinder die Trennung gut überstanden haben.

6.2.1.2 Kinder im Alter von 9 bis 12 Jahren

Typisch für diese Altersstufe ist das starke geistige und körperliche Bemühen der Kinder, ihr Leben nach der Trennung wieder zu ordnen und mit ihren Gefühlen der Verlassenheit, Ablehnung und Hilflosigkeit fertig zu werden. Das Sozialverhalten der Kinder ist geprägt von ihrem bewussten und starken Zorn auf den Elternteil, der als Initiator der Scheidung angesehen wird. Dieser Zorn äußert sich meist objektbezogen und sehr direkt in starken Aggressionen.[60] Aufgrund der Aggressionen kommt es oft zu Auseinandersetzungen mit den Eltern, bei denen die Kinder versuchen, ihrer Wut über die Trennung Raum zu machen. Zusätzlich kann eine so genannte Pseudoreife im Sozialverhalte beobachtet werden, die infolge von übermäßiger Verantwortungsübernahme für elterliche Probleme und die Organisation des Haushalts entsteht.[61]

Wie anhand der Beschreibungen deutlich wird, haben die mit der Scheidung verbundenen Erfahrungen bei den Kindern der verschiedenen Altersstufen qualitativ sehr unterschiedliche Auswirkungen. Die Ergebnisse einer Untersu-

---

[59] vgl. Fthenakis/ Niesel/ Kunze 1982, S. 147f.
[60] vgl. Fthenakis/ Niesel/ Kunze 1982, S. 148f.
[61] vgl. Schmitt 1997, S. 38

chung von Wallerstein & Kelly[62] bekräftigen die oft formulierte These, dass jüngere Kinder stärker auf die Trennung der Eltern reagieren als ältere. Grund dafür seien, so Wallerstein & Kelly weiter, die entwicklungsabhängigen Einschränkungen im sozial-kognitiven Bereich der jüngeren Kinder, wodurch die Scheidung und ihre Folgen nicht verstanden werden.[63] Insgesamt kann man festhalten, dass sich das Sozialverhalten der betroffenen Kinder durch zwei vollkommen gegensätzliche Verhaltensweisen je nach Alter beschreiben lässt. Entweder reagieren die Kinder mit einer starken Abwehr ihres sozialen Umfeldes, die sich meist durch Aggressionen äußert, oder sie passen sich ihrer Umwelt auffällig stark an, weil sie Angst vor weiterer Ablehnung haben.

6.2.2 Geschlechtsspezifische Reaktionen von Kindern

Nicht nur das Alter, sondern auch das Geschlecht, spielt eine wichtige Rolle, wenn es um die verschiedenen sichtbaren Reaktionen der betroffenen Kinder nach einer Trennung ihrer Eltern geht. Überraschenderweise lassen sich deutliche Unterschiede in den Verhaltensänderungen zwischen Mädchen und Jungen erkennen.

Mädchen reagieren meist internalisierend und mit überangepasstem Verhalten auf das Geschehen in der Familie, wodurch bei Außenstehenden oft das Gefühl entsteht, dass die Töchter mit der Trennung gut umgehen können.[64] Auch Beal/ Hochmann bestätigen in ihren Ausführungen, dass Mädchen oft durch angepasstes Verhalten versuchen, besonders viel Aufmerksamkeit und Zuneigung von Erwachsenen zu bekommen (z.B. von Lehrern). Ihr Verhalten ist dabei in der Regel weder destruktiv noch antisozial.[65] Häufig werden in der Literatur auch ein ausgeprägtes Angst- und Rückzugsverhalten sowie Depressionen beschrieben.[66] Jungen dagegen neigen stärker zu antisozialem Verhalten, dass sich häufig durch Aggressionen, Wutausbrüche oder das Stören im Unterricht äußert.[67] Schmitt bestätigt ebenfalls das stark externalisierende, ausagierende Verhalten von Jungen und ergänzt die spezifischen Reaktionen durch das

---

[62] vgl. Wallerstein & Kelly 1980, zit. nach: Fthenakis/ Niesel/ Kunze 1982, S. 151
[63] vgl. ebd.
[64] vgl. Schmitt 1997, S. 39
[65] vgl. Beal/ Hochmann 1992, S. 51
[66] vgl. Schmitt 1997, S. 36
[67] vgl. Beal/ Hochmann 1992, S.50

Auftreten von Konzentrationsstörungen und Leistungsdefiziten.[68] Insgesamt kann man festhalten, dass die Verhaltensauffälligkeiten der Jungen stärker und länger auftreten als die der Mädchen.[69]

Über die Gründe, warum Jungen scheinbar stärker (oder zumindest sichtbarer) auf die Trennung der Eltern reagieren, werden in der Literatur nur Vermutungen geäußert. Hetherington sucht eine plausible Erklärung in der Tatsache, dass die Scheidung für Jungen von vorneherein stressreicher sei. Die Ergebnisse ihrer Längsschnittstudie zeigen, dass sich Ehepaare mit Söhnen sehr viel zögernder zu einer Trennung entschließen und die Söhne den Konflikten in der Vorscheidungsphase somit sehr viel länger und stärker ausgesetzt sind. Zusätzlich bekämen die Söhne nach der Trennung weniger Zuwendung als die Töchter. Erschwerend kommt hinzu, dass sich die Abwesenheit eines Elternteils nach der Trennung ebenfalls sehr unterschiedlich auf die Geschlechter auswirkt. Da meist die Mutter als sorgeberechtigter Elternteil zurückbleibt, möchte ich an dieser Stelle nur auf die Mutter-Kind-Beziehung eingehen, denn diese gestaltet sich je nach Geschlecht des Kindes sehr unterschiedlich. Wie verschiedene Quellen in der Literatur berichten, gilt das Verhältnis zwischen Mutter und Sohn als weitaus schwieriger als das zwischen Mutter und Tochter. Demnach scheinen die Söhne „noch stärker als die Töchter von negativen Sanktionen ihrer Mütter betroffen zu sein."[70] Auch Wallerstein & Kelly beobachteten in ihren Untersuchungen, dass „Mädchen vorsichtiger als Jungen behandelt und schon vor der Scheidung stärker vor elterlichem Streit geschützt wurden."[71] Die Erklärungsansätze für diese Forschungsergebnisse sind noch nicht vollständig und zudem sehr vielseitig und können hier nicht in ihrer gesamten Ausführlichkeit dargestellt werden. Es wird aber vermutet, dass die Ursache in einer generell problematischeren Mutter-Sohn-Beziehung liegt, da diese Tendenz auch in vollständigen Familien festgestellt wurde. Laut einer Studie zur unterschiedlichen Sozialisation von Jungen und Mädchen haben Jungen insgesamt ein höheres Aktivitätsniveau als Mädchen.[72] Folglich seien

---

[68] vgl. Schmitt 1997, S. 36
[69] vgl. Fthenakis/ Niesel/ Kunze 1982, S. 154 und Kurdek/ Berg 1983, zit. nach: Osthoff 1992, S. 89
[70] vgl. Hetherington & Cox 1978; Rutter 1979; Wallerstein & Kelly 1980, zit. nach: Fthenakis/ Niesel/ Kunze 1982, S. 127
[71] vgl. Wallerstein & Kelly 1980, zit. nach: Fthenakis/ Niesel/ Kunze 1982, S. 127
[72] vgl. Baumrind 1981, zit. nach Fthenakis/ Niesel/ Kunze 1982, S. 128

viele Mütter mit der Erziehung ihrer Söhne überfordert, insbesondere wenn diese ohne einen helfenden Partner an ihrer Seite auskommen müssen. Diese Überforderung schlage sich dann in einer allgemeinen Unzufriedenheit der Mütter nieder, die dann meist an den Kindern bzw. den Söhnen ausgelassen werde.[73] Als Folge dessen kommt es fast zwangsläufig zu zahlreichen Konflikten in der Mutter-Sohn-Beziehung. Hinzu komme nach Ansicht von Fthenakis/ Niesel/ Kunze, dass Jungen „bereits in sehr jungem Alter nicht bereit sind, weibliche Autorität in gleichem Maße wie männliche Autorität zu akzeptieren."[74]

Abschließend kann man an dieser Stelle festhalten, dass Jungen deutlich stärkere Veränderungen des Sozialverhaltens aufweisen als Mädchen. Während das sozial angepasste Verhalten der Mädchen oft gar nicht als eine Folge der Trennung erkannt wird, können die Wutanfälle und Aggressionen vieler Jungen kaum übersehen werden.

Verfolgt man die Diskussionen in der Literatur, so unterscheiden sich die in Deutschland meist zitierten Langzeitstudien von Hetherington und Wallerstein in der Gewichtung der Hautpeinflussfaktoren für die Bewältigung einer Trennung. Während Hetherington das Geschlecht als wesentlichen Einflussfaktor nennt, betont Wallerstein das Alter der Kinder.[75] Somit wird deutlich, dass es auch in der Wissenschaft noch nicht endgültig geklärt ist, welcher dieser beiden Faktoren nun entscheidend ist. Nach den bisherigen Darstellungen scheint es jedoch, als ob sowohl das Geschlecht als auch das Alter der betroffenen Kinder eine wichtige Rolle spielen.

6.3 Schulische Leistungen und ihre Bedingungen

Nachdem wir nun einen Einblick in die Auswirkungen von Scheidung auf das Sozialverhalten der Kinder bekommen haben, möchte ich im folgenden Abschnitt auf die Schulleistungen und dessen Bedingungen eingehen. Sind Scheidungskinder durch die familiären Ereignisse automatisch schlechter in der Schule? Wie genau äußert sich dieser Leistungsabfall? Oder beeinflusst die Scheidung der Eltern am Ende doch nicht das Lernen der Kinder im Schulall-

---

[73] vgl. Fthenakis/ Niesel/ Kunze 1982, S. 128
[74] ebd.
[75] vgl. Hetherington 1989 und Wallerstein 1984, zit. nach: Schlemmer 2004, S. 97

tag? Gibt es auch hier Unterschiede in den Reaktionen von Mädchen und Jungen?

In Anbetracht der Tatsache, welche gravierenden emotionalen Reaktionen und daraus resultierende Verhaltensauffälligkeiten eine Scheidung auslösen kann, liegt die Vermutung nahe, dass auch die schulischen Leistungen bzw. der Schulerfolg von einer derartigen Veränderung im Leben der Kinder nicht unberührt bleiben können. Im Folgenden werden neben den schulischen Leistungen im Sinne von kognitiven Leistungen im schriftsprachlichen und mathematischen Bereich auch Einflussfaktoren dieser Leistungen wie z.B. Konzentrationsfähigkeit oder Arbeitsstil betrachtet.

Groß angelegte deutsche Studien dokumentieren deutliche Schwierigkeiten beim Schulerfolg von Kindern, die eine Trennung der Eltern erlebt haben und nun bei nur einem Elternteil oder in einer Stieffamilie leben. Der Familiensurvey 2000 des Deutschen Jugendinstitutes (DJI) hat demnach festgestellt, dass Scheidungskinder im Vergleich mit Kindern aus traditionellen, intakten Familien in der Hauptschule überrepräsentiert und umgekehrt im Gymnasium unterrepräsentiert sind. Zusätzlich wiederholen diese Kinder aufgrund schlechter Leistungen sehr viel häufiger eine Schulklasse.[76] Sehr ähnliche Ergebnisse liefert die PISA- Studie aus dem Jahr 2000. Auch hier dokumentieren die Daten, dass Kinder aus Scheidungsfamilien weniger häufig ein Gymnasium besuchen. Allerdings hat die PISA- Studie auch herausgefunden, dass die Lese- und Mathematikleistungen der Scheidungskinder nicht schlechter sind als die der anderen Kinder.[77]

Zu einer widersprüchlichen Ansicht allerdings kommen Wallerstein & Kelly in ihrer Untersuchung. Diese stellten sehr wohl eine Verschlechterung der Lese- und Mathematikleistungen bei zuvor guten Schülern und Schülerinnen fest, die sich aber „nach der akuten Krise wieder verbessern."[78] Spezifischere Aussagen zu den einzelnen Leistungen im schriftsprachlichen und mathematischen Bereich wurden in der einschlägigen Literatur nicht gemacht. Interessanterweise wurde aber festgestellt, dass insbesondere die Kinder, die Mutter oder Vater

---

[76] vgl. Schlemmer 2004, S. 97
[77] vgl. ebd.
[78] vgl. Wallerstein & Kelly 1976, zit. nach: Röhner 2003, S. 114

nicht regelmäßig sahen, ganz besonders stark in den schulischen Leistungen nachließen.[79]

Während die bisher zitierten Untersuchungen ihren Fokus auf die Auswirkungen von Trennung auf die Lese- und Mathematikleistungen legten, haben andere Studien herausgefunden, dass sich Trennungskinder in ihrem Arbeitsstil oder ihrer Konzentrationsfähigkeit in der Schule von anderen Kindern unterscheiden. „Sie sind weniger vorbereitet, konzentriert und aufmerksam und erledigen ihre Hausaufgaben schlechter als Kinder aus intakten Familien."[80] Kuntzag stellt zusammenfassend fest: „Schulleistungen sind sehr häufig das Feld, auf dem sich familiäre Spannungen in Form von Blockaden wie Leistungsverweigerungen und Kopfschmerzen oder als Konzentrationsstörungen auswachsen."[81] Dies könnte meiner Meinung nach eine Ursache für die von der PISA- Studie festgestellte Tatsache sein, dass Scheidungskinder zwar gleich gute Mathematik und Leseleistungen erzielen, aber dennoch seltener ein Gymnasium besuchen. Nicht mangelnde kognitive Leistungen, sondern schlechtere Vorbereitung, Leistungsverweigerung und mangelndes Konzentrationsvermögen zwingen diese Kinder, eine entsprechend niedrigere Schulform zu besuchen.

Wie diese Beispiele zeigen, gibt es bislang in der Scheidungsforschung zu den genauen Auswirkungen von Scheidung auf die Schulleistungen von Trennungskindern noch kein eindeutiges Ergebnis. Auch bei den Gründen für einen eventuell geringeren Erfolg in der Schule besteht in der Wissenschaft noch Uneinigkeit. So kann der oft genannte Grund, die Erwerbstätigkeit der Mutter sei Schuld, durch zahlreiche Studienergebnisse widerlegt werden. Mehrere bundesweite Untersuchungen aus den 80er und 90er Jahren kamen zu dem Ergebnis, dass die Erwerbstätigkeit der Mutter keinen Effekt auf die kognitiven und schulischen Leistungen hat.[82] Vielmehr wurde an anderer Stelle sogar ein positiver Einfluss der mütterlichen Erwerbstätigkeit beschrieben, nachdem

---

[79] vgl. Hochman/ Beal 1992, S. 74
[80] vgl. Röhner 2003, S. 114
[81] Kuntzag 1995, S. 30
[82] vgl. Ettrich, Krause, Hofer & Wild 1996; Krombholz 1989, zit. nach: Schlemmer 2004, S. 93

Schulkinder von berufstätigen Müttern besser seien als Kinder von Hausfrauen.[83]

Schlemmer macht in ihrem Buch über Familienbiografien und Schulerfolg verschiedene Faktoren für den geringeren Schulerfolg von Scheidungskindern verantwortlich. Interessant ist die Tatsache, dass die Autorin neben dem Sozialmilieu der Familie und den individuellen Bewältigungskompetenzen des Kindes insbesondere die negativen Lehrererwartungen und -urteile als mögliche Ursache nennt. Wie Untersuchungen ergaben, nehmen Lehrer Kinder aus Scheidungsfamilien „in ihrem sozialemotionalen Verhalten negativer wahr als Kinder aus traditionellen Familien."[84] Dabei stehe, so Schlemmer weiter, die Benotung in einem signifikanten Zusammenhang mit dem sozialemotionalen Verhalten bzw. der Verhaltensauffälligkeit von Schüler/innen.[85] „Scheidungskinder, Kinder von Alleinerziehenden und Stiefkinder gelten aus Lehrersicht als besonders problematisch und auffällig. Bei der Beschreibung von Scheidungskindern nennen Lehrer Lernschwächen, Konzentrationsprobleme sowie auffälliges und aggressives Verhalten."[86] Wie Untersuchungen bewiesen, wirkt dieses negative Urteil als „heimlicher Lehrplan". In einem Versuch stellten diese einen fiktiven Schüler mit jeweils unterschiedlich gestaltetem familiären Hintergrund (intakte Familie, allein erziehende Mutter, Stieffamilie) den Lehrern zur Beurteilung vor. Obwohl die Bedingungen gleich waren, wich das Urteil negativ ab, wenn dieser fiktive Schüler aus einer Konfliktfamilie kam.[87]

Zu den Unterschieden zwischen Mädchen und Jungen werden in der Literatur nur wenige Angaben gemacht. In Untersuchungen wurde lediglich eine „Umkehrung des geschlechtstypischen Verhältnisses von mathematischen und verbalen Fähigkeiten" festgestellt.[88] Obwohl Jungen in Leistungstests allgemein höhere Werte in mathematischen Fähigkeiten erreichen, konnten bei den Jungen, die ohne Vater aufwachsen, höhere verbale als mathematische Fähigkeiten diagnostiziert werden.[89] Auch andere Studien kamen zu dem Schluss,

---

[83] vgl. Schlemmer 2004, S. 93
[84] vgl. ebd. , S. 181f.
[85] vgl. ebd. , S. 182
[86] ebd., S. 96
[87] vgl. Schlemmer 2004, S. 96
[88] Fthenakis/ Niesel/ Kunze 1982, S. 65
[89] vgl. ebd.

dass die Abwesenheit des Vaters oft mit schwachen mathematischen Leistungen einhergeht. Dieses Ergebnis gelte allerdings sowohl für Mädchen als auch für Jungen, und dementsprechend konnten hier keine Unterschiede zwischen den Geschlechtern gefunden werden.[90]

6.4 Weitere Reaktionen

Nicht selten wird der Schmerz der Kinder auch durch psychosomatische Reaktionen wie z.B. Bauchweh, Erbrechen, Kopfschmerzen, Ruhelosigkeit, Alpträume oder Bettnässen (Enuresis) sichtbar.[91] Diese Reaktionen können in allen Altersstufen beobachtet werden, treten aber vermehrt bei Kindern zwischen sieben und zwölf Jahren auf.[92] Oftmals wird diese Art der Reaktion nicht sofort mit dem Trennungsereignis in Verbindung gebracht, da diese Symptome auch andere Ursachen haben können. Dies gilt selbstverständlich auch für alle anderen hier genannten Verhaltensauffälligkeiten. Dennoch müssen alle diese Reaktionsweisen auch als mögliche Folge einer Trennung in Betracht gezogen werden.

6.5 Fazit

Zusammenfassend lässt sich sagen, dass die Trennung der Eltern sehr wohl deutliche und zum größten Teil auch sichtbare Reaktionen bei den betroffenen Kindern auslösen kann. Wie oben beschrieben konnten in zahlreichen Untersuchungen Auswirkungen sowohl auf das Sozialverhalten als auch auf die schulischen Leistungen bzw. den Schulerfolg nachgewiesen werden. Während die verschiedenen Studien bei den Auswirkungen auf das Sozialverhalten allerdings meist zu ähnlichen Ergebnissen kommen, hat die Forschung hinsichtlich der schulischen Auswirkungen sehr unterschiedliche Ergebnisse (von schlechteren kognitiven Leistungen, mangelndem Konzentrationsvermögen und verändertem Arbeitsstil bis hin zu keinerlei Auswirkungen) gebracht. Demzufolge kann an dieser Stelle keine eindeutige Voraussage der schulischen Veränderungen durch eine Scheidung gemacht werden.

Bezüglich des Sozialverhaltens kann man zusammenfassend sagen, dass die Auswirkungen je nach Alter und Geschlecht der Kinder stark variieren. Diese

---

[90] vgl. ebd.
[91] vgl. Figdor 2004, S. 71 und Textor 2006
[92] vgl. Textor 2006

Variation besteht in erster Linie in einem unterschiedlichen Grad des Sichtbarwerdens dieses Leidens. Hier gilt meist die Regel, je jünger die Kinder, desto mehr Verhaltensänderungen werden sichtbar. Ältere Kinder leiden genauso, jedoch können diese ihre Emotionen und ihre Zerrissenheit aufgrund ausgereifter kognitiver Kompetenzen besser verstecken, was aber nicht bedeutet, dass sie nicht auch unter den Folgen leiden. Die zwei häufig beobachteten Leitsymptome der für diese Arbeit relevanten Altersklassen sind Aggressionen oder ein stark angepasstes Sozialverhalten, Das aggressive Sozialverhalten kann dabei deutlich häufiger bei Jungen beobachtet werden, während die Mädchen häufiger durch soziale Anpassung auffallen bzw. nicht auffallen.

Es ist wichtig zu erwähnen, dass die meisten der hier genannten Auffälligkeiten überwiegend in den ersten beiden Jahren nach der Trennung auftreten. Laut einer Studie von Hetherington/ Kelly könnten bei 80 Prozent der Kinder zwei Jahre nach der Scheidung kaum noch Veränderungen festgestellt werden. Demnach neigen nur etwa 20 Prozent weiterhin zu Verhaltensauffälligkeiten.[93]

---

[93] vgl. Hetherington/ Kelly 2003, S. 169

7. Scheidung ist nicht gleich Scheidung – Faktoren, die das Scheidungserleben der Kinder beeinflussen

Die bisherigen Ausführungen zu den Reaktionen der betroffenen Kinder haben deutlich gemacht, wie unterschiedlich jedes Kind auf die Trennung seiner Eltern reagiert. Dabei ist die Entwicklung seelischer Störungen und des symptomatischen Verhaltens eines Kindes nach einer Trennung nicht nur – wie oben dargestellt – von individuellen Faktoren wie Alter und Geschlecht abhängig. Nach der Ansicht von Bauers seien sowohl die Qualität der Beziehung zu beiden Eltern vor und nach der Scheidung als auch die Möglichkeiten der Eltern, auch nach der Trennung zusammenzuwirken, weitere Faktoren, die die Art und das Ergebnis der Auseinandersetzung des Kindes mit der Scheidungssituation beeinflussen.[94] Diese und weitere in der Literatur genannte Faktoren, wie die Qualität der Beziehung zwischen Eltern und Kind und das Vorhandensein von weiteren Bezugspersonen, sollen in diesem Kapitel beschrieben werden.

7.1 Qualität der Beziehung zwischen Kind und Eltern

Der beste Schutz eines Kindes vor den schweren Belastungen einer Scheidung ist ein liebevoller und kompetenter Elternteil, der die Nöte und Sorgen des Kindes in dieser schweren Situation versteht. Leider nehmen die Erziehungsfähigkeiten während des ersten Jahres nach der Trennung bei beiden Elternteilen rapide ab und so stellen diese nur selten eine Hilfe für die Kinder dar.[95] Der allein erziehende Elternteil ist meist mit der neuen Familiensituation überfordert. Besonders schwierig wird es, wenn dieser zudem erwerbstätig ist und deshalb nur sehr wenig Zeit für die Kinder hat. Nach Figdor habe insbesondere die Qualität der Mutter-Kind-Beziehung einen Einfluss auf die „Art und Weise, wie das Kind das Scheidungserlebnis bewältigen kann."[96] Schaffe es die Mutter, ihre eigenen Sorgen hinten an zu stellen und sich in erster Linie um die Nöte des Kindes zu kümmern, so sei es für die Kinder meistens deutlich einfacher, mit der neuen Situation umzugehen. Gelinge der Mutter dies jedoch nicht, und nutzte sie das Kind stattdessen sogar als Partnerersatz, so bestehe dagegen

---

[94] vgl. Bauers 1993, S. 40
[95] vgl. Hetherington/ Kelly 2003, S. 159
[96] Figdor 2004, S.58

die „Gefahr einer 'gegenseitigen emotionalen Überforderung'".[97] In diesem Fall werden dem Kind oft Funktionen der Konfliktbewältigung übertragen (z.B. als Tröster oder Ratgeber), sodass es in die Beziehungsproblematik der Erwachsenen mit einbezogen wird. Das Kind muss infolge dessen Aufgaben übernehmen, die weder kind- noch altersgerecht sind und das Kind meistens emotional und kognitiv überfordern.[98] Die Bewältigung der Trennungssituation wird dadurch weiter erschwert. Auch Wallerstein & Kelly machen auf diesen Gefahrenmoment nach einer Trennung aufmerksam. Demnach würden Mütter und Väter, die von ihren Kindern Trost, Rat oder emotionale Unterstützung erwarten, die Kräfte ihrer Kinder in hohem Maße überfordern.[99]

7.2 Qualität der Beziehung zwischen den getrennten Eltern

Meist geht einer Trennung eine schon lange andauernde Konfliktphase voraus, in der die Kinder den Auseinandersetzungen der streitenden Eltern hilflos ausgesetzt sind. Eine Trennung kann in solchen Fällen wieder Ruhe in die Familie bringen, allerdings sind die Streitereien mit der Trennung oft noch nicht zu Ende. In einer Langzeitstudie wurde festgestellt, dass sechs Jahre nach der Trennung immer noch 20 bis 25 Prozent der Paare an einem ausgeprägten Konfliktverhalten festhielten. Diese Paare machten den anderen Partner bei den Kindern schlecht und stritten weiterhin in aller Offenheit und ohne Rücksicht auf die betroffenen Kinder.[100] Dabei merken viele Eltern nicht, dass ganz besonders ihre fortgesetzten Konflikte die Zerrissenheit der Kinder weiter verschärft. Es gibt folglich nur eines, „was für das Kind noch belastender ist als zwei verheiratete Eltern, die sich ständig streiten, nämlich zwei geschiedene Eltern, die sich ständig streiten."[101] Eine fortdauernde konfliktbehaftete Beziehung zwischen den getrennten Eltern belastet die betroffenen Kinder sehr. Die Ursache liegt in erster Linie in dem Loyalitätskonflikt (vgl. Kapitel 5.2.1), der durch die ständigen Streitereien der Eltern noch weiter verstärkt wird. Schaffen es die Eltern dagegen, ein freundschaftliches Verhältnis zueinander aufzubauen, so kann dies den Kindern in hohem Maße helfen, die Trennung schneller und besser zu bewältigen.

---

[97] vgl. Fthenakis/ Niesel/ Kunze 1982, S. 130f.
[98] vgl. ebd.
[99] vgl. Wallerstein & Kelly 2003, S. 186
[100] vgl. Wallerstein & Kelly 2003, S. 188
[101] ebd., S.187

7.3 Sozialer Kontakt zu anderen Bezugspersonen

Aufgrund der Berufstätigkeit des allein erziehenden Elternteils sind viele Kinder schon früh auf sich allein gestellt. Je nach Alter verbringen sie die Zeit, in der die Mutter oder der Vater arbeitet, entweder in einer sozialen Einrichtung oder bei den Großeltern. Sind sie jedoch alt genug, allein zu bleiben, so müssen viele Kinder die Nachmittage allein zu Hause verbringen. Das heißt, sie müssen allein und ohne Hilfe ihre Hausaufgaben erledigen und langweilen sich danach meist vor dem Fernseher. Die Mutter hat keine Zeit, das Kind zu Spielkameraden zu bringen, und gleichzeitig kann das betroffene Kind auch keine Gleichaltrigen einladen, da keine geeignete Aufsichtsperson greifbar ist. Diese äußeren Umstände, die in Folge einer Trennung sehr häufig eintreten, führen meist zu einer sozialen Isolation der Kinder. Und mehr noch: Den Kindern fehlen die geeigneten Ansprechpartner, die in traurigen Momenten trösten und Zuspruch geben können. In solchen Fällen ist die Bedeutung funktionierender sozialer Netzwerke in Form von Großeltern oder anderen erwachsenen Bezugspersonen besonders groß. Braches-Chyrek macht in ihrem Buch über die Situation von Ein-Eltern Familien auf die besondere Rolle der Großeltern aufmerksam. „Die Beziehung zu den Großeltern mütterlicherseits[102] spielt für die Kinder eine sehr große Rolle, da die Großeltern für die jüngeren Kinder wesentliche Betreuungsdienste leisten sie aber auch finanziell und emotional unterstützen."[103] Dusolt betont in seinem Artikel über die Bedeutung der Großeltern, dass diese die Möglichkeit haben „sich für das Kind Zeit zu nehmen und zu verstehen versuchen, was das Kind von ihnen braucht. Kinder können so bei den Großeltern emotional „auftanken"."[104] Großeltern könnten somit einen wesentlichen Beitrag dazu leisten, dass das Kind die Trennung möglichst unbeschadet überstehe.[105]

---

[102] Der Kontakt zu den Großeltern mütterlicherseits intensiviert sich in der Regel nach einer Trennung, während sich der Kontakt zu den Eltern des Vaters vielfach reduziert. (vgl. Fthenakis 1998, S.162f.)
[103] Braches-Chyrek 2002, S. 157
[104] vgl. Dusolt 2004
[105] vgl. ebd.

8. Die ausgewählten Fallstudien aus dem Projekt LISA&KO.

Im Folgenden Praxisteil dieser Arbeit sollen die bisher theoretisch dargestellten Thesen anhand ausgewählter Fallstudien aus dem Siegener Universitätsprojekt LISA&KO. überprüft und gegebenenfalls durch eigene Beobachtungen erweitert werden. Dabei soll stets der Frage nachgegangen werden, ob die hier ausgewählten Kinder typische Scheidungsreaktionen im Sinne von Veränderungen im Sozialverhalten und den schulischen Leistungen (vgl. Kapitel 6) aufweisen oder nicht.

8.1 Auswahlkriterien

Bei der Auswahl der einzelnen Fallstudien standen verschiedene Kriterien im Vordergrund. In erster Linie waren Alter und Geschlecht der Kinder wichtig, da die Literatur hier spezifische Reaktionen nachgewiesen hat. Dementsprechend habe ich mich für zwei Mädchen und zwei Jungen entschieden, um untersuchen zu können, ob geschlechtsspezifische Unterschiede vorliegen. Bezüglich des Alters habe ich Kinder in der Altersgruppe von 6 bis 11 Jahren gewählt. Aufgrund der vorliegenden Datenbasis war es mir hier nicht möglich, den Idealfall von mehreren Kindern zu finden, die sich paarweise den von der Wissenschaft beschriebenen Altersgruppen zuordnen lassen. Weiterhin habe ich in drei von vier Fällen Kinder gewählt, bei denen die Trennung nicht länger als zwei Jahre zurückliegt, da die meisten Verhaltensauffälligkeiten – wie in Kapitel 6.5 erwähnt – in den ersten beiden Jahren nach der Trennung auftreten. Bei nur einer Fallstudie liegt die Trennung im Säuglingsalter. Ich habe mich trotzdem für diesen Fall entschieden, weil hier besonders viele sichtbare, zum Teil erschreckende Auffälligkeiten aufgetreten sind. Dieser Fall soll ein Beispiel dafür sein, dass es auch Kinder gibt, bei denen Verhaltensänderungen und Reaktionen auf die Trennung deutlich länger sichtbar sind, als die oben erwähnten zwei Jahre.

Neben diesen schon genannten Kriterien habe ich mich bemüht, Kinder zu finden, die bereits zweimal im Zuge einer Wiederholerarbeit im Projekt LISA&KO. beobachtet wurden. Durch den Vergleich beider Fallstudien verspreche ich mir einen besseren Einblick in die Entwicklung der Kinder. Dabei ist es von besonders großem Vorteil, wenn die eine Fallstudie vor und die andere nach der Trennung der Eltern angefertigt wurde. Dieser Idealfall lag bei der mir zur Verfügung stehenden Datenbasis lediglich einmal vor.

Das letzte Kriterium für meine Fallauswahl lag in den verschiedenen Einflussfaktoren, die jede Scheidung zu einem ganz individuellen Ereignis für jedes Kind werden lässt. Hier habe ich mich bemüht, Fälle zu finden, die einzelne dieser unterschiedlichen Faktoren, wie sie in Kapitel 7 beschrieben wurden, aufweisen. Bei einem abschließenden Vergleich meiner Ergebnisse aus den Fallstudien sollen diese nochmals in den Vordergrund rücken und die Einzigartigkeit einer Scheidung verdeutlichen.

8.2 Analyse der Fallstudien

8.2.1 Trixi

Bei Trixi[106] handelt es sich um ein Wiederholerkind, das im Abstand von zwei Jahren von je einer Studentin der Universität Siegen im Rahmen des Projektes LISA&KO. besucht wurde. Zum Zeitpunkt der ersten Erhebung gab sich Trixi den Namen Sandra. Ich werde bei meinen folgenden Ausführungen im Falle einer Wiederholerarbeit immer den Namen der zweiten Arbeit verwenden.

8.2.1.1 Steckbrief

Trixi ist zum Zeitpunkt der ersten Erhebung sechs und bei der zweiten acht Jahre alt. Sie wohnt mit ihrer Mutter und ihrem 13-jährigen Bruder in einer Vierzimmerwohnung in einem Mehrparteienhaus.[107] Aufgrund großer schulischer Probleme wiederholt Trixi das zweite Schuljahr. Trixis Vater lebt zum Zeitpunkt der zweiten Erhebung nicht mehr in der Familie, sondern ist eine Woche nach Beginn der Erhebung in eine eigene Wohnung in einem anderen Stadtteil gezogen.[108] Aufgrund der neuen familiären Situation arbeitet Trixis Mutter seit kurzem wieder ganztags und die beiden Geschwister sind deswegen oft allein zu Hause.[109] Damit die Kinder nicht den ganzen Tag auf sich selbst gestellt sind, bekommen diese häufig Besuch von der Tante oder der Großmutter (mütterlicherseits). Beide Personen sind deshalb zu engen Bezugspersonen für Trixi geworden.[110] Trixi ist ein fröhliches, aufgewecktes, hilfsbereites und

---

[106] Die in dieser Arbeit verwendeten Kindernamen sind Pseudonyme. Es werden dieselben Pseudonyme wie in den Fallstudien, in denen die Kinder ursprünglich untersucht wurden, verwendet.
[107] vgl. Bude 2004 , S. 12
[108] vgl. ebd., S. 94
[109] vgl. ebd., S. 13
[110] vgl. ebd., S. 100

mitteilungsfreudiges Kind.[111] Alle Personen in Trixis näherem Umfeld beschreiben Trixi einstimmig mit den Charaktereigenschaften „kindlich" und „fröhlich".[112] Sie ist fremden Personen gegenüber sehr aufgeschlossen und macht neue Aktivitäten begeistert mit.[113] Trixi orientiert sich dabei stark an anderen Personen in ihrem Umfeld und betrachtet diese als Vorbilder.[114]

8.2.1.2 Sozialverhalten

Die Trennung der Eltern bzw. der Auszug des Vaters scheint für Trixi ein erschütterndes Ereignis gewesen zu sein. Trixi reagierte auf die Mitteilung der Trennung mit starken emotionalen Symptomen. Im Elterninterview berichtet die Mutter von Trixi, dass sie bei der Nachricht, dass ihre Eltern sich trennen, sofort in Tränen ausgebrochen sei.[115] Nach Aussage des Bruders habe sie drei Tage nur geweint und sei außerordentlich traurig und zerstört gewesen.[116] Auch Trixi selber beschrieb den Auszug ihres Vaters mit „doof"[117] und betonte weiter, dass diese Situation sie „immer"[118] traurig mache. Trixis Vater sieht seine Kinder trotz des Auszugs zwar noch regelmäßig, wobei die Besuche und die gemeinsamen Aktivitäten allerdings weniger werden.[119] Die Mutter berichtet, dass Trixi zu Beginn noch nachgefragt habe, ob ihr Vater denn bald zurückkomme, mittlerweile aber spreche sie nicht mehr darüber, weshalb die Eltern davon ausgingen, dass Trixi mit der neuen familiären Situation gut zurechtkomme.[120]

Vertraut man auf die Aussage der Eltern, so scheint Trixi über den Verlust des Vaters nach ersten heftigen emotionalen Reaktionen (Weinen, Traurigkeit) gut hinweggekommen zu sein. Schaut man aber genauer hin, so kann man doch Auffälligkeiten im Sozialverhalten feststellen, die häufig im Zusammenhang mir elterlicher Trennung beschrieben werden. Besonders auffällig ist Trixis stark angepasstes Verhalten, mit dem sie vermutlich die Zuneigung ihrer direkten Mitmenschen gewinnen will. Bude betont in ihrer Fallstudie immer

---

[111] Bude 2004; S. 17 und Schöler 2002, S. 13
[112] vgl. Schöler 2002, S. 103
[113] vgl. ebd., S. 94
[114] vgl. ebd., S. 95
[115] vgl. Bude 2004, Elterninterview, Anhang, S. 301f.
[116] vgl. ebd.; Bruderinterview, Anhang, S. 388
[117] ebd., Kinderinterview, Anhang, S.378, Z. 958
[118] ebd.; Kinderinterview, Anhang, S. 378, Z.966
[119] vgl. Bude 2004, Elterninterview, Anhang, S. 316
[120] vgl. ebd., Elterninterview, Anhang, S. 302

wieder, dass es Trixi besonders wichtig sei, von anderen Menschen gemocht zu werden. Dafür passe sie sich so gut es geht ihrer Umwelt an. Ihr soziales Verhalten sei geprägt von dem Wunsch, nicht aufzufallen und in der Gruppe anerkannt zu sein.[121] Dieses Verhalten entspricht dem oben beschriebenen typischen Sozialverhalten bei Mädchen, die nach dem Verlust eines Elternteils Angst haben, auch noch andere geliebte Menschen in ihrem sozialen Umfeld zu verlieren und sich deshalb meist sehr angepasst verhalten (vgl. Kapitel 5.2.3 und 6.2.2). Dieses angepasste, unauffällige Verhalten führt meist dazu, dass Eltern oder andere Bezugspersonen zu der Auffassung kommen, ihr Kind habe die Trennung gut verarbeitet. Genau dies trifft im Falle von Trixi auch zu, denn die Mutter betonte im Interview, dass sie glaube, ihre Tochter habe die Trennung bereits gut verarbeitet.

Ich vermute, dass bei Trixi die Verlustangst sehr ausgeprägt ist. Für diese Vermutung spricht auch, dass sie seit der Trennung meist bei ihrer Mutter im Bett schläft.[122] Weiterhin hat auch die Lehrerin von Trixi beobachtet, dass sich Trixis Sozialverhalten in der Schule durch extreme Zuneigung und Anpassung anderen Personen gegenüber ausdrückt. Demnach „klammere" sich Trixi an jede Bezugsperson, die neu in die Klasse komme.[123]

Weiterhin konnte ich feststellen, dass Trixi sich seit der Trennung insbesondere ihrem Bruder gegenüber anders verhält. Dieser berichtet, dass sich Trixi ihm gegenüber sehr „dominant" und „so erwachsen"[124] verhalte, seit beide Kinder mittags allein sind. Er betont dabei, dass Trixi oft aggressiv sei und ihn ohne Grund „anmotze".[125] Als der Vater noch mit in der Wohnung lebte, sei seine Schwester zu ihm „ganz anders" gewesen[126]. Der Vater habe früher immer etwas gesagt, wenn Trixi sich schlecht benommen habe. Die Mutter dagegen habe wegen der beruflichen Belastungen für die ständigen Streitereien keine Zeit und deshalb könne Trixi zu Hause machen, was sie wolle.[127] Dieses Geschwisterverhalten wird durch die Literatur bestätigt. Demnach kommt es

---

[121] vgl. ebd., S. 74 und S. 126
[122] vgl. ebd., S. 98ff.
[123] vgl. ebd., Lehrerinterview, Anhang, S. 394
[124] vgl. ebd.; S. 119
[125] vgl. ebd.
[126] vgl. ebd., Bruderinterview, Anhang, S. 386
[127] vgl. ebd.

häufig durch „Koalitionsbildungen mit den Eltern"[128] zu einer Verschlechterung der Geschwisterbeziehung. In Trixis Fall könnte diese z.B. dadurch eingetreten sein, dass der Bruder im Sommer mit seinem Vater allein in den Urlaub gefahren ist, während Trixi dagegen den Urlaub mit ihrer Mutter verbrachte.[129] Meiner Meinung nach könnte dieses Ereignis eine Spaltung zwischen Bruder und Schwester erzeugt haben. Dafür spricht auch, dass Trixis Mutter nach eigenen Angaben beobachtete, dass Trixi nach dem Urlaub wieder verstärkt unter der Trennung litt und vermehrt nach dem Vater fragte.[130]

8.2.1.3 Schulische Leistungen und ihre Bedingungen

Betrachtet man Trixis schulische Leistungen zum Zeitpunkt der zweiten Erhebung, so lassen sich deutliche Schwierigkeiten sowohl im schriftsprachlichen als auch im mathematischen Bereich feststellen.

Ganz besondere Probleme bereitet Trixi das Rechnen. Sie erreichte beim Zahlenrechnen des ersten Teils des AST 2[131] nur zwei richtige Lösungen und gehört damit zu den 8% der schlechtesten Schüler.[132] Auch im zweiten Teil dieses Tests, bei dem es um das Bearbeiten von Textaufgaben geht, erreichte Trixi nur einen Prozentrang von 15 und gehört somit zu den 15% der schlechtesten Schüler.[133] Trixis Mutter erzählt im Interview, dass die Probleme in Mathematik bereits so groß seien, dass ihre Eltern darüber nachdächten, diese auf Dyskalkulie, eine besonders schwere Art der Rechenschwäche, testen zu lassen.[134] Auch im Schreiben und Lesen beweisen die Testergebnisse nur unterdurchschnittliche bis durchschnittliche Leistungen. Die Ergebnisse der Hamburger Schreibprobe[135] zeigen, dass Trixi nur wenige Rechtschreibstrategien beherrscht und große Unsicherheiten beim orthografisch richtigen Schreiben aufweist.[136] Trixis schlechte Leistungen führten dazu, dass diese die zweite Klasse wiederholen muss.

---

[128] Bauers 1993, S. 41
[129] vgl. Bude 2004, S. 96
[130] vgl. Bude 2004, S. 98ff.
[131] Rieder 1971
[132] vgl. Bude 2004, Testauswertung AST 2 Teil 1, Anhang, S. 261f.
[133] vgl. ebd., Testauswertung AST 2 Teil 2, Anhang, S. 264f.
[134] vgl. ebd.; S. 62
[135] May 2002
[136] vgl. Bude 2004, Testauswertung HSP, Anhang, S. 248f.

Betrachtet man diese Ergebnisse isoliert, so kann man nur wenig Aussagen darüber machen, ob die meist unterdurchschnittlichen Leistungen von Trixi mit der Trennung der Eltern zusammenhängen. Wirft man aber dazu einen Blick auf die erste Fallstudie und die dort festgestellten kognitiven Leistungen im schriftsprachlichen wie auch im mathematischen Bereich, so kann man doch eine interessante Beobachtung machen. Ein direkter Vergleich der Testergebnisse ist hier zwar nicht möglich, da Trixi zum Zeitpunkt der ersten Erhebung noch nicht in der Schule war und deshalb andere standardisierte Testverfahren eingesetzt wurden. Trotzdem zeigen die Testergebnisse aus der ersten Fallstudie, dass Trixis Fähigkeiten in einigen Bereichen sogar im überdurchschnittlichen und nicht wie in der zweiten Fallstudie im unterdurchschnittlichen Leistungsbereich liegen. So war z.B. ihre Kompetenz im Bereich „Ziffern lesen" bei der Aufgabe aus der Handreichung Mathematik[137] sehr gut und damit über dem Durchschnitt der vergleichbaren Altersgruppe.[138] Gleiches gilt für die Aufgabe „Ziffern schreiben", auch hier erzielte sie knapp überdurchschnittliche Ergebnisse.[139] Auch bei Aufgaben im schriftsprachlichen Bereich bewies Trixi sehr gute Leistungen. So umkreiste sie im Buchstaben-Diktat acht von zehn Buchstaben richtig und zeigte damit, dass sie keine Schwierigkeiten hat, verschiedene Laute den korrespondierenden Buchstaben zuzuordnen.[140] Bei der Zerlegung von Wörtern in ihre Laute erreichte sie mit zwei von acht richtigen Wörtern ebenfalls überdurchschnittliche Werte, da Kinder in ihrem Alter durchschnittlich nur 0-1 Worte richtig zerlegen.[141]

Viele der in der ersten Erhebung erreichten Testergebnisse ließen auf einen guten Schulstart mit den entsprechenden Schulleistungen hoffen. Dennoch muss Trixi zum Zeitpunkt der zweiten Erhebung das zweite Schuljahr wiederholen. An dieser Stelle stellt sich die Frage, warum die vielen guten Leistungen zwei Jahre nach der ersten Erhebung durch zum Teil sehr schlechte Ergebnisse abgelöst wurden. Was hat sich in den zwei Jahren zwischen den beiden Fallstudien verändert? Da die Trennung der Eltern erst kurz vor Ende des zweiten Schuljahres stattfand, kann diese auf den ersten Blick nicht für die schlechten

---

[137] Projekt LISA&KO. 2002
[138] vgl. Schöler 2002, Auswertung: Handreichung Mathematik, Anhang, S.24
[139] vgl. ebd., S. 23
[140] vgl. ebd., S. 49
[141] vgl. ebd.; Auswertung: Phoneme, Anhang, S.76 f.

schulischen Leistungen verantwortlich gemacht werden. Geht man allerdings davon aus, dass jeder Trennung eine Vorscheidungsphase voraus geht (vgl. Kapitel 5.1.1), so könnten hier evtl. doch Zusammenhänge bestehen. Leider geht aus den Fallstudien nicht hervor, seit wann sich Trixis Eltern nicht mehr verstehen und über eine Trennung nachdenken, dennoch kann man aufgrund wissenschaftlicher Forschungen davon ausgehen, dass diese Phase meistens einige Jahre umfasst.[142] Wie oben beschrieben leiden die betroffenen Kinder auch schon während dieser Phase unter den Spannungen in der Familie. Es ist somit nicht auszuschließen, dass Trixis schlechte Schulleistungen mit den familiären Problemen der Vorscheidungsphase im Zusammenhang stehen.

8.2.1.4 Weitere Auffälligkeiten

Neben den zuvor beschriebenen Verhaltensauffälligkeiten reagierte Trixi zusätzlich mit weiteren, sehr typischen psychosomatischen Symptomen (vgl. auch Kapitel 6.4). So uriniert sie nachts häufig in ihr Bett oder wird von Albträumen geplagt.[143] Ich vermute, dass Trixi ihre Sorgen und Ängste in ihren Träumen verarbeitet. Da die Albträume seit Schulbeginn auftreten, kann man allerdings nicht mit Sicherheit sagen, ob diese mit der Trennung der Eltern oder aber mit den schulischen Problemen zusammenhängen, wobei zwischen diesen beiden Faktoren auch eine bestehende Korrelation anzunehmen ist. Zusätzlich beobachtete Bude, dass Trixi häufig an den Fingernägeln kaut.[144] Zwar trete dieses Verhalten meist in der Schule auf, dennoch kann ein Zusammenhang mit der Trennung auch hier nicht ausgeschlossen werden.

Zusammenfassend ist zu vermuten, dass sich die Trennung der Eltern sowohl auf das Sozialverhalten als auch auf die schulischen Leistungen von Trixi ausgewirkt hat. Zwar kann an dieser Stelle lediglich eine Korrelation zwischen der Trennung und den schlechten Schulleistungen festgestellt werden, eine existierende Kausalität kann aber dennoch nicht ausgeschlossen werden.

8.2.2 Tim-Niklas

8.2.2.1 Steckbrief

Tim-Niklas ist zum Zeitpunkt der Erhebung acht Jahre alt und lebt zusammen mit seiner Mutter und seiner eineinhalb Jahre jüngeren Schwester in einem

---

[142] vgl. Bauers 1993, S. 43
[143] vgl. ebd., S. 98f.
[144] vgl. ebd., S. 72f.

Einfamilienhaus in einem kleinen Dorf im Siegerland.[145] Er besucht die zweite Klasse einer Grundschule.[146] Aufgrund von ehelichen Problemen trennten sich die Eltern ca. zwei Jahre vor der Erhebung, und der Vater zog in eine eigene, ca. 10km entfernte Wohnung.[147] Trotz der räumlichen Trennung sehen beide Kinder ihren Vater mehrmals in der Woche, da die Eltern weiterhin ein sehr freundschaftliches Verhältnis haben.[148] An den Wochenenden oder anderen freien Tagen unternimmt die Familie gelegentlich gemeinsame Ausflüge.[149] Tim-Niklas verbringt viel Zeit bei seinen Großeltern (mütterlicherseits), die direkt nebenan wohnen und jeden Mittag nach der Schule für die Geschwister das Mittagessen kochen, da die Mutter halbtags berufstätig ist.[150]

Tim-Niklas ist viel draußen, liebt die Natur und macht deshalb sehr häufig Ausflüge in den nahe gelegenen Wald.[151] Darüber hinaus ist er in vielen Sport- und Freizeitvereinen aktiv und dementsprechend groß und heterogen ist auch sein soziales Umfeld. Während des Turn-, Fußball- und Leichtathletiktrainings sowie bei Treffen der Jungschar, einer christlichen Jugendgruppe, trifft Tim-Niklas auf viele Kinder aus verschiedenen Altersgruppen, mit denen er, nach Aussagen von Hundebrink, gut zurechtkomme.[152] Tim-Niklas sei, trotz der Fähigkeit, schnell soziale Kontakte aufzubauen, ein eher zurückhaltendes Kind, das nur ungern etwas über sich selbst preisgibt, so Hundebrink. Auch suche er nur selten den körperlichen Kontakt zu anderen und zeige dementsprechend wenig Gefühle und Zuneigung.[153]

8.2.2.2 Sozialverhalten

Es scheint, als habe Tim-Niklas die Trennung seiner Eltern zum Zeitpunkt der Erhebung insgesamt sehr gut verarbeitet. Im Kinderinterview thematisierte Tim-Niklas die Trennung seiner Eltern nicht, nannte den Auszug des Vaters noch nicht einmal, als er über negative Erlebnisse in seinem bisherigen Leben berichtet.[154] Stattdessen gab er an anderer Stelle sogar an, ein sehr glückliches

---

[145] vgl. Hundebrink 1999, S.60
[146] vgl. ebd., S.31f.
[147] vgl. ebd., S. 31f. und S. 60
[148] vgl. ebd., S.60
[149] vgl. ebd., S.47
[150] vgl. ebd., S.62
[151] vgl. ebd., S. 44
[152] vgl. ebd., S. 74
[153] vgl. ebd., S. 105
[154] vgl. ebd., S. 143

Kind zu sein.[155] Auch die Mutter von Tim-Niklas bestätigte im Interview, dass dieser nie über die Trennung rede. Sie habe ihren Sohn damals nach dem Auszug lange und intensiv beobachtet und keinerlei Veränderungen beobachtet.[156]

Betrachtet man die Ausführungen von Hundebrink zu dem Verhalten von Tim-Niklas gegenüber seiner sozialen Umwelt, so kann man ebenfalls nichts Auffälliges feststellen. Tim-Niklas zeigte zu keinem Zeitpunkt der Erhebung typische Verhaltensauffälligkeiten wie z.B. Aggressionen, Trauer oder gesteigerter Zorn, der sich sonst häufig objektbezogen in vermehrten Auseinandersetzungen mit den Eltern äußert (vgl. Kapitel 6.2). Das bei Jungen oft ausagierende Verhalten konnte ich im Zuge meiner Fallanalyse ebenfalls nicht entdecken. Stattdessen wird Tim-Niklas von seinen Eltern und ganz besonders von seinem Klassenlehrer als Kind beschrieben, dass bei allen sehr beliebt sei und von allen gemocht werde.[157] Der Lehrer betonte im Lehrerinterview, dass sich noch nie ein Kind über Tim-Niklas beschwert und er noch nie einen Streit zwischen Tim-Niklas und seinen Mitschülern erlebt habe.[158] Auch das Verhältnis zu seiner jüngeren Schwester Lena scheint sich durch das Trennungserlebnis nicht verändert zu haben. Zwar gebe es in letzter Zeit öfter Streit, dies läge aber nach der Interpretation von Hundebrink daran, dass die Interessen beider Kinder langsam auseinander gingen und es deshalb zwangsläufig zu Auseinandersetzungen käme.[159] Abgesehen von diesen Geschwisterstreitigkeiten kann das Verhältnis zwischen Tim-Niklas und Lena aber durchaus als liebevoll und fürsorglich beschrieben werden.[160] Im Fall von Tim-Niklas und seiner Schwester lässt sich demnach keine Spaltung zwischen den Geschwistern, wie sie in dem zuvor beschriebenen Fall von Trixi (vgl. Kapitel 8.2.1) auftrat, erkennen.

8.2.2.3 Schulische Leistungen und ihre Bedingungen

Die schulischen Leistungen von Tim-Niklas sind insgesamt sehr gut. Besonders die rechnerischen Fähigkeiten sind gut ausgebildet. Dies bewies Tim-

---

[155] vgl. ebd., S. 142
[156] vgl. ebd., S. 143
[157] vgl. ebd., S. 89f
[158] vgl. ebd., Lehrerinterview, Anhang, S. 66
[159] vgl. ebd., S. 66
[160] vgl. ebd., S. 67

Niklas an mehreren Stellen. Beim Speed-Test[161] des Arithmetiktests machte er kaum Fehler und erledigte dabei alle Aufgaben in einem zügigen Tempo. Darüber hinaus beherrscht er nicht nur den üblichen Zahlenraum bis 100, sondern kann schon Additions- und Subtraktionsaufgaben im Zahlenraum bis 10.000 sicher rechnen.[162] Hundebrink konnte im Rahmen ihres Unterrichtsbesuches von Tim-Niklas feststellen, dass dieser im Unterricht besonders gerne Matheaufgaben löst. Er wolle, so Hundebrink, damit seine fortgeschrittenen Kenntnisse in diesem Bereich weiter ausbauen, um im Vergleich zu seinen Mitschülern weiterhin vorne zu liegen.[163] Auch seine Eltern bestätigen im Interview, dass Tim-Niklas insgesamt sehr ehrgeizig sei und bei Tests vorher viel übe, um anschließend wenig Fehler zu machen.[164]

Auch im schriftsprachlichen Bereich verfügt Tim-Niklas über gute Kenntnisse. Obwohl er vor Schuleintritt noch kein Interesse an Schrift zeigte, kann seine Lesefähigkeit zum Zeitpunkt der Erhebung als „gut bis sehr gut" eingestuft werden.[165] Diese Einstufung basiert in erster Linie auf den Ergebnissen des IEA-Worttests[166], bei dem Tim-Niklas in sehr kurzer Zeit von 40 Bild-Wort-Zuordnungen 28 Aufgaben richtig löste.[167] Zusätzlich könne er, nach Aussagen von Hundebrink und Tim-Niklas Klassenlehrer, bekannte und auch fremde Texte flüssig und betont lesen.[168] Auch im rechtschriftlichen Bereich zeigt Tim-Niklas gute Leistungen. Hundebrink fand heraus, dass Tim-Niklas sich zur Zeit der Erhebung im Übergang von Phase 5 zu Phase 6 der Rechtschreibentwicklung von Spitta[169] bewegt.[170] „Er integriert zunehmend typische Rechtschreibmuster, verwendet aber hauptsächlich die phonetische Umschrift."[171] Diese Leistung entspricht einer altersgerechten Entwicklung der Rechtschreibfähigkeit. Schwierigkeiten oder Probleme in diesem Bereich sind nicht zu beobachten.

---

[161] Weinert, F.E. u.a. 1989
[162] vgl. ebd., S. 131
[163] vgl. ebd., S. 106
[164] vgl. ebd.
[165] ebd., S. 134
[166] Lehmann, R.; Peek, R.; Poerschke, J. 1997
[167] vgl. Ebd.
[168] vgl. ebd., S. 134
[169] Spitta 1994
[170] vgl. Hundebrink 1999, S. 135
[171] ebd.

Neben den gerade genannten guten kognitiven Leistungen verstärkt Tim-Niklas nicht zuletzt durch sein vorbildliches Arbeitsverhalten und seine gute Konzentrationsfähigkeit[172] die Vermutung, dass die Trennung seiner Eltern keine Auswirkungen auf seine schulischen Leistungen hat. Den Beobachtungen von Hundebrink zu Folge sei Tim-Niklas in der Schule stets aufmerksam und zielstrebig. Sein Arbeitsverhalten sei dabei in erster Linie gekennzeichnet durch das stete Bemühen, seine Aufgaben schnell und fehlerfrei zu lösen. Freie Arbeitszeiten nutze er weder für Gespräche mit seinem Nachbarn noch für Tagträumereien. Dieses Verhalten widerspricht dem zuvor angesprochenen Untersuchungsergebnis, dass Trennungskinder oft durch ein undiszipliniertes Arbeitsverhalten in der Schule (wenig Konzentration, langsame Aufgabenbearbeitung, etc.) auffallen (vgl. Kapitel 6.3).

8.2.2.4 Weitere Auffälligkeiten

Zwar konnte ich im Zuge meiner Fallanalyse sowohl im Sozialverhalten als auch bei den schulischen Leistungen keine Auffälligkeiten feststellen, dennoch sollte an dieser Stelle erwähnt werden, dass Tim-Niklas Mutter während eines Gespräches davon berichtete, dass dieser gelegentlich nachts ins Bett uriniere.[173] Seine Eltern halten eine Überforderung durch Reizüberflutung aufgrund der vielen Freizeitaktivitäten für die Ursache. Tim-Niklas sei ständig unterwegs und gönne sich nur selten eine Pause. Die Mutter berichtet, dass er nicht einmal am Tisch stillsitzen könne.[174] Eine mögliche Verbindung zu der Trennung wird von der Mutter nicht genannt. Ich kann an dieser Stelle keine genaue Aussage darüber machen, warum Tim-Niklas dieses Verhalten zeigt. Jedoch bin ich der Ansicht, dass ein Zusammenhang zur familiären Situation hier nicht ausgeschlossen werden kann. Sowohl Bettnässen als auch eine starke innere Unruhe werden in der Literatur nicht selten als typische psychosomatische Scheidungsreaktionen bei Kindern nach einer Trennung beschrieben (vgl. Kapitel 6.4).

Zusammenfassend kann man festhalten, dass keine Auswirkungen der Trennung auf Tim-Niklas schulische Leistungen oder sein Sozialverhalten zu beobachten sind. Trotzdem zeigt Tim-Niklas psychosomatische Auffälligkeiten, die darauf schließen lassen, dass die Trennung ihn innerlich beschäftigt.

---

[172] vgl. ebd., Auswertung Konzentrationstest, Anhang, S. 25
[173] vgl. ebd., S.143
[174] vgl. ebd.

Da die Auswirkungen insgesamt aber sehr wenig sichtbar sind, vermute ich in diesem Zusammenhang, dass insbesondere der weiterhin bestehende gute Kontakt zwischen den Eltern eine entscheidende Rolle dafür spielt. Auf diesen sehr entscheidenden Aspekt der Qualität der Elternbeziehung nach einer Trennung werde ich bei der Zusammenfassung in Kapitel 9.4 noch einmal vertiefend eingehen.

8.2.3 Leslie Annabell

Bei Leslie Annabell handelt es sich ebenfalls um ein Wiederholerkind, über das im Rahmen des LISA&KO. Projektes bereits zweimal im Abstand von drei Jahren berichtet wurde. Bei der ersten Erhebung gab sich das damals achtjährige Mädchen selber das Pseudonym Jasmin.

8.2.3.1 Steckbrief

Leslie Annabell ist zum Zeitpunkt der zweiten Erhebung elf Jahre alt und lebt allein mit ihrer Mutter in einer Mietswohnung. Sie besucht die fünfte Klasse eines nahe gelegenen Gymnasiums.[175] Zu ihrem leiblichen Vater hat Leslie Annabell keinen nennenswerten Kontakt. Nach den Angaben von Riedl habe sich die Mutter aufgrund einer Alkoholsucht ihres damaligen Mannes von ihm getrennt. Leslie Annabell war zu dem Zeitpunkt erst sechs Monate alt. Aus Angst vor der anschließenden finanziellen Situation habe die Mutter dann eine neue Beziehung mit dem Patenonkel von Leslie Annabell begonnen. Diese dauerte ebenfalls nur zwei Jahre und endete mit einer erneuten Trennung.[176] Seitdem leben Mutter und Tochter allein. Obwohl die Mutter Leslie Annabell den Kontakt zu beiden Vätern bzw. Stiefvätern jederzeit ermöglichte, habe diese – nach eigenen Angaben – mittlerweile den Kontakt aufgrund mehrfacher Enttäuschungen ganz abgebrochen.[177] Kurz vor der zweiten Erhebung hat Leslie Annabells Mutter bei einem Urlaub im europäischen Ausland erneut geheiratet. Da es aber, wie Kuhlmann in seiner Studie berichtet, Probleme mit der Einreise gegeben habe, leben Mutter und Tochter zum Zeitpunkt der Erhebung weiterhin allein.[178]

---

[175] vgl. Kuhlmann 2003, S. 10ff.
[176] vgl. Riedl 2000, S. 31
[177] vgl. Kuhlmann 2003, S. 13
[178] vgl. ebd., S. 14f.

Der Kontakt zu den Großeltern mütterlicherseits erfolgt eher selten, da die Mutter von Leslie Annabell selber ein schwieriges Verhältnis zu ihrer Mutter hat und es aufgrund dessen zu häufigen Auseinandersetzungen kommt.[179] Leslie Annabells einzige Bezugsperson ist somit ihre Mutter, die allerdings aufgrund der schlechten finanziellen Situation fast den ganzen Tag arbeiten muss. Leslie Annabell verbringt deshalb die meiste Zeit des Tages allein zu Hause. Diese Situation hat sich auch zum Zeitpunkt der zweiten Erhebung nicht geändert. Damit beschränkt sich Leslie Annabells Lebenswelt neben der Schule nahezu ausschließlich auf die Wohnung.

8.2.3.2 Sozialverhalten

Auf den ersten Blick kann Leslie Annabells soziales Verhalten ihren Mitmenschen gegenüber als unauffällig beschrieben werden. In beiden Fallstudien wird das Mädchen als „offen und freundlich"[180], sehr höflich und hilfsbereit[181] und „unvoreingenommen fremden Personen gegenüber"[182] bezeichnet. Im Spiel mit anderen Kindern kann sie sich jeder auftretenden Situation und auch ihren Spielkameraden sehr gut anpassen.[183] Ihre Grundschullehrerin beschreibt Leslie Annabell im Klassenverband als eher „unauffälliges" Kind.[184]

Vergleicht man beide Fallstudien, so fällt auf, dass insbesondere Leslie Annabells sehr gutes soziales Verhalten an verschiedenen Stellen explizit genannt und thematisiert wird. An vielen Stellen habe ich den Eindruck, als bemühe sich Leslie Annabell stets um ein gutes Auftreten, immer mit dem Ziel, ihre Mitmenschen positiv von sich zu überzeugen. In vielen Fällen jedoch scheint mir ihr Sozialverhalten nicht mehr ihrem Alter entsprechend kindgerecht. Stattdessen benimmt sie sich oft sehr erwachsen. Riedel berichtet in ihrer Studie, dass Leslie Annabell viel und gerne mit jüngeren Kindern spiele, da sie dann wie ein Erwachsener etwas von ihrem Wissen und ihrer Reife weitergeben könne.[185] Zudem betont Kuhlmann ihre sehr guten Umgangsformen und die ausgeprägte Höflichkeit, die sonst eigentlich nur bei Erwachsenen zu

---

[179] vgl. Riedl 2000, S. 30
[180] vgl. ebd., S.9 und S.54
[181] vgl. Kuhlmann 2003, S.27
[182] vgl. Riedl 2000, S.54
[183] vgl. Riedl 2000, S. 38
[184] vgl. ebd., S. 49
[185] vgl. ebd., S. 38

beobachten ist.[186] Obwohl Leslie Annabell durch die gemachten Beschreibungen in ihrem sozialen Verhalten für einen neutralen Beobachter wenig auffällt (ihre Lehrerin beschreibt sie sogar mit dem Wort „unauffällig"), hege ich vor dem Hintergrund meines Wissens über das typische Verhalten von Trennungskindern starke Zweifel, ob Leslie Annabells hier geschildertes Verhalten gegenüber ihrer Umwelt als normal und nicht weiter bedenkenswert zu bezeichnen ist. Insbesondere Leslie Annabells auffällig starke soziale Anpassung und ihr nicht altersgerechtes erwachsenes Benehmen anderen Personen gegenüber lassen die Vermutung aufkommen, dass Leslie Annabells Verhalten mit der Trennung ihrer Eltern bzw. mit der daraus resultierenden familiären Situation zusammenhängt. Dass Mädchen häufig aus Angst vor weiterem Verlust eines Elternteils oder anderer Mitmenschen mit sozialer Anpassung an ihre Umwelt reagieren, wurde sowohl im Theorieteil (vgl. Kapitel 6.2.2) als auch in dem Fall von Trixi (vgl. Kapitel 8.2.1) schon verdeutlicht. Im Fall von Leslie Annabell wird allerdings noch eine weitere Ursache für dieses Verhalten sichtbar. Ich vermute, dass die besonders intensive Beziehung zu ihrer Mutter hier eine entscheidende Rolle spielt und deshalb soll diese im Folgenden näher erläutert werden.

Beide Fallstudien berichten einstimmig, dass Leslie Annabell ein sehr inniges Verhältnis zu ihrer Mutter hat.[187] Seit der Trennung von ihrem zweiten Mann leben beide allein und Leslie Annabell ist zum wichtigsten Lebensinhalt der Mutter geworden. „Jasmins [Pseudonym aus erster Fallstudie] Mutter spricht mit ihrer Tochter offen über die eigenen Probleme und Ängste."[188] Aufgrund dieser Aussage vermute ich, dass Leslie Annabells Mutter ihre Tochter als Ersatz für einen erwachsenen Gesprächspartner nutzt und dementsprechend alle ihre Sorgen mit ihrer Tochter teilt. Wie in Kapitel 7.1 beschrieben birgt diese Art von Beziehung zwischen den Kindern und ihren Eltern nach einer Trennung große Gefahren für die betroffenen Kinder, denn sehr oft sind diese mit der Rolle des Ersatzpartners sowohl emotional als auch kognitiv überfordert.[189] Die Mutter von Leslie Annabell versucht mit Hilfe ihrer Tochter eigene Konflikte besser zu verarbeiten, übersieht dabei jedoch, dass ihre Tochter mit

---

[186] vgl. Kuhlmann 2003, S. 27
[187] vgl. Riedl 2000, S. 11 und Kuhlmann 2003, S.8
[188] Riedl 2000, S. 11
[189] vgl. Fthenakis/ Niesel/ Kunze 1982, S. 130f.

dieser Situation noch nicht umgehen kann. Leslie Annabell musste aufgrund dieser Tatsache schon früh lernen, erwachsen zu sein und es blieb nur wenig Raum für eine unbeschwerte Kindheit. Leslie Annabells oben beschriebenes erwachsenes Verhalten ist vermutlich die Folge.

Auch die Grundschullehrerin von Leslie Annabell äußerte im Interview eine dahingehende Vermutung. Sie bemerkte ebenfalls die fehlende kindliche Unbeschwertheit von Leslie Annabell und machte die nicht vorhandene Distanz zwischen Mutter und Tochter dafür verantwortlich.[190] Da Leslie Annabell zudem sehr oft alleine ist, musste sie lernen, viele Aufgaben im Haushalt zu übernehmen. Riedl gibt an, dass Leslie Annabell eine bemerkenswerte Eigenständigkeit besitze. Sie erledige nahezu alle Hausarbeiten selbstständig und sei in der Lage, sich komplett allein zu versorgen. Ich vermute, dass auch diese Tatsache dazu beigetragen hat, dass Leslie Annabells Verhalten gegenüber ihrer Umwelt so erwachsen wirkt. In der einschlägigen Literatur[191] wird dieses Verhalten mit Pseudoreife beschrieben und häufig als Folge einer Trennung bei den betroffenen Kindern in Leslie Annabells Altersstufe beobachtet (vgl. auch Kapitel 6.2.1.2). Erschwerend kommt noch hinzu, dass die Mutter die einzige Bezugsperson für Leslie Annabell ist, und so kann sie bei einem auftretenden Konflikt auf keine andere Person aus ihrem sozialen Umfeld ausweichen. Offensichtlich hat auch Riedl in ihrer Fallstudie dieses Problem erkannt. „Jasmin [Pseudonym der ersten Fallstudie] versucht vermutlich, jeglichem Konfliktpotential vorzubeugen, aus Angst, von der Mutter abgewiesen zu werden. Es gibt in ihrem Leben keine andere Bezugsperson oder Freundin, zu welcher sie ausweichen könnte."[192]

8.2.3.3 Schulische Leistungen und ihre Bedingungen

Die schulischen Leistungen von Leslie Annabell können insgesamt als gut beschrieben werden, wobei sie im schriftsprachlichen Bereich über deutlich bessere Fähigkeiten verfügt als im mathematischen Bereich.

---

[190] vgl. Riedl 2000, S. 49
[191] vgl. Schmitt 1997, S. 38
[192] Riedl 2000, S. 22

Zum Zeitpunkt der zweiten Erhebung beweist die elfjährige Leslie Annabell anhand der Ergebnisse der standardisierten Rechtschreibtests HSP 4-5[193] und HSP 5-9[194], dass ihre Fähigkeiten im schriftsprachlichen Bereich über dem Durchschnitt liegen. Im HSP 4-5 Test hatte sie null Fehler (Prozentrang 98) und liegt damit deutlich über der gleichaltrigen Vergleichsstichprobe.[195] Auch bei dem Test HSP 5-9, der im Gegensatz zu dem Test HSP 4-5 auch für ältere Kinder konzipiert ist, erreichte sie immer noch einen überdurchschnittlichen Prozentrang von 76.[196] Leslie Annabells Sprach- und Leseverständnis sind bis auf eine Ausnahme mit sehr gut zu bezeichnen. In den Untertests des Leistungstests HST 4/5[197] erreichte sie in den Bereichen Sprachverständnis und Rechtschreibung stets einen Prozentrang von über 85. Die einzige Ausnahme bildete der Bereich Leseverständnis, bei dem sie nur ein unterdurchschnittliches Ergebnis (Prozentrang 27) erzielte.[198] Ähnliche Ergebnisse wurden auch zum Zeitpunkt der ersten Erhebung ermittelt[199], wobei hier nur ein sehr grober Vergleich möglich ist, da in beiden Fallstudien unterschiedliche Tests eingesetzt wurden. Dennoch kann Leslie Annabell insgesamt in beiden Erhebungen gute bis sehr gute Kenntnisse im schriftsprachlichen Bereich nachweisen.

Im mathematischen Bereich dagegen hat Leslie Annabell mehr Schwierigkeiten. Zwar ergeben die Tests, die jeweils zum Zeitpunkt der ersten und zweiten Erhebung durchgeführt wurden, durchschnittliche Ergebnisse[200], dennoch besucht sie zum Zeitpunkt der zweiten Erhebung den Mathematik-Förderkurs, um ihr Grundverständnis für Mathematik allgemein zu verbessern. Neben den verschiedenen Testergebnissen gibt es weitere Anzeichen dafür, dass Leslie Annabell in diesem Fach mehr Probleme hat als im schriftsprachlichen Bereich. Diese äußern sich in einer deutlich sichtbaren unmotivierten Einstellung im Fach Mathematik. Schon bei der ersten Erhebung konnte Riedl feststellen, wie sich das damals achtjährige Mädchen im Matheunterricht zurückzog und sich nur sehr selten aktiv beteiligte. „Im Unterricht, den ich [Riedl, Autorin der

---

[193] May 2002
[194] ebd.
[195] vgl. Kuhlmann 2003, S. 32
[196] vgl. ebd., Anmerkung: Prozentrang 76 bedeutet, dass nur 24% aller Kinder der Vergleichsstichprobe besser abgeschnitten haben
[197] Mietzel/ Willenberg 2000
[198] vgl. Kuhlmann 2003, S. 32 und Leistungsprofil 3, Anhang
[199] vgl. Riedl 2000
[200] vgl. Kuhlmann 2003, S.43f. und Riedl, 2000, S. 58f.

ersten Fallstudie] besucht habe, verbrachte sie [Leslie Annabell] den größten Teil des Mathematikunterrichts damit, auf ihre Arme gestützt aus dem Fenster zu schauen. Der Unterrichtsinhalt schien sie nicht weiter zu interessieren. Im Gegensatz zum Sprachunterricht meldete sie sich in dieser Stunde kein einziges Mal."[201] Auch bei der zweiten Erhebung betonte Kuhlmann, dass Leslie Annabell bei fremden Aufgaben schnell aufgab und keine Motivation zeigte, eigene Lösungsstrategien zu finden.[202]

Die damalige Grundschullehrerin begründete diese gezeigte Passivität damit, dass Leslie Annabell an neuen Aufgaben keine Experimentierfreude zeige und lieber abwarte, bis andere Kinder ihr das Ergebnis nennen oder ihr den Rechenweg erklären. Gleichzeitig betonte diese aber auch, dass Leslie Annabell ein durchaus größeres mathematisches Potenzial habe, da sie über die dafür notwendige Intelligenz verfüge. Wie der Intelligenztest CMM 1-3[203] in der ersten Fallstudie bestätigt, kann Leslie Annabell als durchschnittlich bis leicht überdurchschnittlich intelligentes Kind bezeichnet werden.[204] Aus Sicht der Lehrerin sei in erster Linie die mangelnde Zeit und Betreuung der Mutter schuld an Leslie Annabells nur durchschnittlichen Leistungen im Fach Mathematik.[205] An dieser Stelle habe ich mich gefragt, ob die Lehrerin mit dieser Aussage Recht hat und es wirklich an der familiären Situation (die Mutter hat wenig Zeit, um Hausaufgaben zu kontrollieren oder Leslie Annabell durch Übungen mehr für den mathematischen Bereich zu begeistern) und nicht an dem allgemein wenig ausgeprägten mathematischen Verständnis von Leslie Annabell liegt. In diesem Fall allerdings würde sich die familiäre Situation lediglich auf die mathematischen Fähigkeiten auswirken, denn im schriftsprachlichen Bereich erzielt Leslie Annabell gute bis sehr gute Leistungen. Tatsächlich haben Studien ergeben, dass Kinder, die ohne Vater aufwachsen, oftmals schlechtere Leistungen in Mathematik zeigen (vgl. Kapitel 6.3). Ein möglicher Zusammenhang ist hier somit nicht auszuschließen und folglich könnte auch die Vermutung der Lehrerin, die familiäre Situation sei Schuld an Leslie Annabells Schwierigkeiten in der Schule, wahr sein. Da ich im Zuge

---

[201] Riedl 2000, S.59
[202] vgl. Kuhlmann 2003, S.43f.
[203] Schuck, Eggert, Raatz 1975
[204] vgl. Riedl 2000, S. 66f.
[205] vgl. ebd., S. 59

dieser Arbeit keine Möglichkeit habe, dieser Vermutung weiter nachzugehen, können an dieser Stelle keine weiteren Aussagen darüber gemacht werden.

Im Arbeitsstil und der Konzentrationsfähigkeit von Leslie Annabell konnte ich keine Auffälligkeiten oder Besonderheiten entdecken.

8.2.3.4 Weitere Auffälligkeiten

Bei Leslie Annabell wurde im Rahmen der ersten Erhebung eine weitere Verhaltensweise beobachtet, die auf einen starken psychischen Leidensdruck hinweisen könnte und deshalb an dieser Stelle unbedingt genannt werden muss. Die Mutter berichtete in der ersten Erhebung davon, dass Leslie Annabell häufiger Essensreste in ihrem Zimmer verstecke. So habe die Mutter z.B. mehrfach einen Teller mit Resten unter Leslie Annabells Bett gefunden. Trotz mehrfacher Gespräche zwischen der Mutter und Leslie Annabell habe sie das beobachtete Verhalten wiederholt gezeigt.[206] Im Gespräch mit einem Dozenten für Psychologie an der Universität Siegen versuchte Riedl zum damaligen Zeitpunkt, die mögliche Ursache für dieses seltsame Verhalten zu finden. Natürlich konnte der Dozent per Ferndiagnose keine eindeutigen Ursachen nennen, dennoch vermutete er vorsichtig, dass dieses Verhalten etwas mit dem Bereich Geben und Nehmen zu tun haben könne und das Festhalten an Essens- resten mit einem Nicht-Loslassen-Können. Leslie Annabell wolle mit diesem Verhalten ganz unbewusst auf etwas aufmerksam machen.[207] Ich kann und möchte an dieser Stelle keine weitere psychologische Analyse vornehmen. Dennoch fiel mir beim Lesen beider Fallstudien auf, dass das Leben von Leslie Annabell weitestgehend von der Mutter bestimmt wird, indem diese ihre Tochter sehr stark in ihr erwachsenes Leben mit einbindet und die Tochter damit an sich bindet. Leslie Annabell hat weder eigene Freunde noch geht sie typisch kindlichen Interessen nach. Vielleicht versucht Leslie Annabell unbe- wusst, aus dieser starken emotionalen Bindung zu ihrer Mutter auszubrechen. Ich vermute, dass sie dies niemals bewusst versuchen würde, da sie ihre Mutter als einzige Bezugsperson zu sehr braucht und diese deshalb niemals bewusst verletzen würde. Ich möchte es an dieser Stelle bei dieser vorsichtigen Vermu- tung belassen, da mir genauere empirische Beobachtungen und die notwendigen Kenntnisse der Psychologie für weitere Interpretationen fehlen.

---

[206] vgl. Riedl 2000, S, 83
[207] vgl. Riedl 2000, S. 84f.

Zusammenfassend lässt sich sagen, dass bei Leslie Annabell ein stark ange-passtes und erwachsenes Verhalten ihrer Umwelt gegenüber zu beobachten ist. Insbesondere die beschriebene Mutter-Kind Beziehung ist kennzeichnend für Ein-Eltern Familien. Auswirkungen auf die schulischen Leistungen lassen sich dagegen nur leicht tendenziell im Fach Mathematik vermuten. Im schrift-sprachlichen Bereich sind keine Reaktionen in Form von schlechteren Leistungen oder Konzentrationsstörungen zu erkennen.

Da wissenschaftliche Untersuchungen herausgefunden haben, dass ca. zwei Jahre nach der Trennung nur noch wenige Reaktionen sichtbar sind[208], habe ich im Fall von Leslie Annabell kaum noch Auffälligkeiten erwartet. Umso er-staunlicher ist die Tatsache, dass ich im Rahmen meiner Analyse nach so vielen Jahren nach der Trennung immer noch deutliche Veränderungen entde-cke. In diesem Zusammenhang vermute ich, dass alle hier genannten Auffälligkeiten vermutlich nicht in erster Linie auf das konkrete Trennungser-lebnis ihrer Eltern, sondern vielmehr auf die spezielle Lebenssituation von Ein-Eltern-Familien[209] zurückzuführen ist. Der Fall von Leslie Annabell macht in erschreckender Weise deutlich, dass Trennungskinder oft nicht nur kurzfristig, sondern viele Jahre unter der Trennung leiden. Die oben genannte These, die Auswirkungen einer Trennung seien meist nur in den ersten beiden Jahren nach der Trennung zu beobachten, kann in diesem Fall widerlegt werden.

8.2.4 Timo

8.2.4.1 Steckbrief

Timo ist zum Zeitpunkt der Erhebung elf Jahre alt und besucht die sechste Klasse einer Realschule. Seit der Trennung seiner Eltern vor ungefähr 1,5 Jahren lebt er allein mit seiner Mutter in einer Doppelhaushälfte in einem kleinen Ort mit ca. 2000 Einwohnern.[210] Da seine Mutter ganztags berufstätig ist, verbrachte Timo bis vor kurzem die Nachmittage nach der Schule meist bei seinen Großeltern, die im gleichen Ort wohnen und zu denen Timo, nach Aussage der Mutter, seit frühster Kindheit ein sehr gutes Verhältnis habe.

---

[208] vgl. Hetherington/ Kelly 2003, S. 169
[209] ausführlichere Informationen zur speziellen Situation von Ein-Eltern-Familien finden sich u.a. in der Fallstudie von Riedl 2000
[210] vgl. Schulz 2000, S. 11

Insbesondere der Großvater stelle für Timo neben seiner Mutter eine wichtige Bezugsperson in seinem Leben dar.[211] Seit ein paar Wochen allerdings geht Timo nach der Schule nach Hause, wo er sich selbständig etwas kocht, seine Schulaufgaben macht und anschließend meistens Super-Nintendo spielt.[212] Zu Gleichaltrigen hat Timo außerhalb der Schule nur wenig Kontakt. Ab und zu spielt er nachmittags mit seinem besten Freund Mister X, und einmal wöchentlich geht er in die Jungschar, eine von der Kirchengemeinde organisierte Jugendgruppe.[213]

Timo hat auch nach der Trennung ein gutes Verhältnis zu beiden Elternteilen. Obwohl Timo seine Mutter aufgrund der Berufstätigkeit nur abends sieht, verstehen sie sich bis auf ein paar Meinungsverschiedenheiten im Alltag sehr gut.[214] Nach der Schule ruft Timo seine Mutter meistens im Büro an, um ihr von seinen Erlebnissen in der Schule oder seinen Hausaufgaben zu erzählen. Auch der Kontakt zu seinem Vater besteht nach der Trennung weiterhin. Schulz beschreibt das Verhältnis zwischen Timo und seinem Vater als „freundschaftlich".[215] Timo sehe seinen Vater zwar unregelmäßig, trotzdem freue er sich immer sehr auf die gemeinsamen Wochenendausflüge. Manchmal mache auch die ganze Familie einen Ausflug gemeinsam. Diese Ereignisse seien für Timo immer etwas ganz Besonderes.[216]

Timo wird in der Fallstudie von verschiedenen Personen (Mutter, Klassenlehrer, Jugendgruppenleiter) übereinstimmend mit den Eigenschaften „nett, kontaktfreudig, kindlich und rechtsdenkend" beschrieben.[217] Zudem bestätigen alle Befragten, dass Timo nur ungern etwas Persönliches von sich preisgebe und so gut wie nie über seine Gefühle und Probleme spreche. Nicht einig sind sich die Befragten allerdings, ob Timo als „glückliches" oder „fröhliches" Kind bezeichnet werden kann.[218] Hier gab nur Timos Mutter an, Timo als glückliches und zufriedenes Kind zu empfinden, während sein Klassenlehrer und der

---

[211] vgl. ebd., S. 35
[212] vgl. ebd.
[213] vgl. ebd., S.25 und S. 35f.
[214] vgl. ebd., S. 33
[215] ebd., S. 34
[216] vgl. ebd. S. 34 und S.113
[217] vgl. ebd., S. 57ff.
[218] vgl. ebd.

Leiter der Jugendgruppe, die Timo einmal die Woche besucht, diesen Eindruck nicht bestätigten.[219]

8.2.4.2 Sozialverhalten

Timo zeigt in seinem Umgang mit anderen Personen aus seinem sozialen Umfeld keine nennenswerten Auffälligkeiten, die darauf schließen lassen könnten, dass sie aufgrund einer traumatischen Trennungserfahrung entstanden sind. Im Umgang mit Gleichaltrigen verhält er sich zu keinem Zeitpunkt aggressiv oder provozierend. Ganz im Gegenteil: Timo geht einem möglichen Streit sogar eher aus dem Weg. Schulz berichtet in ihrer Fallstudie, dass Timo sich im Kontakt mit seinem besten Freund Mister X sehr viel gefallen lasse und bei Meinungsverschiedenheiten oft nachgebe.[220] Seine Mutter begründete dies damit, dass Timo „so'n gutmütiges Schaf"[221] sei. Sein Lehrer bezeichnet Timo mit der Eigenschaft „rechtsdenkend" und erklärt weiter, dass dieser immer zur Stelle sei, wenn irgendwo etwas Unrechtes passiere.[222] Aufgrund dieser Aussage des Klassenlehrers vermute ich, dass Timo auch selber nicht ohne Grund eine andere Person angreifen oder beschimpfen würde.

Auch im Kontakt zu seiner Mutter, die die Trennung damals initiierte, konnte ich im Zuge meiner Fallanalyse nichts Auffälliges beobachten. Timo zeigt keinen Zorn über die Entscheidung seiner Mutter, den Vater zu verlassen. Stattdessen scheint das Verhältnis zwischen Mutter und Sohn durch gegenseitige starke Zuneigung geprägt. Die Mutter gab an, dass sie jedes Mal einen Kuss und eine Umarmung bekäme, wenn sie abends nach Hause komme.[223] Es scheint, als habe Timo die neue familiäre Situation zum Zeitpunkt der Erhebung bereits gut akzeptiert und sein Leben an die neue Situation angepasst. Im Gespräch mit Schulz gab er an, dass es ihm in der jetzigen Situation gut gehe. In diesem Zusammenhang gab Timo sogar anderen Kindern, die ebenfalls eine Trennung der Eltern erleben, den Rat, keine Angst zu haben, „weil et is ja trotzdem noch mein Papa oder meine Mutter."[224]

---

[219] vgl. ebd.
[220] vgl. ebd., S. 38
[221] ebd., Anhang, S.200, Zeile 31
[222] vgl. ebd.. S. 58
[223] vgl. ebd., S. 56f.
[224] ebd., Anhang, S. 228, Zeile 14

8.2.4.3 Schulische Leistungen und ihre Bedingungen

Timos schulische Leistungen zeigen sowohl im schriftsprachlichen als auch im mathematischen Bereich deutliche Schwächen. In den im Rahmen der Fallstudie durchgeführten Testverfahren erzielte Timo in beiden Bereichen nur durchschnittliche oder sogar unterdurchschnittliche Ergebnisse.

In Mathematik hat Timo die größten Schwierigkeiten. Zwar hatte er im letzten Schuljahr noch ein „ausreichend" auf dem Zeugnis, doch fielen die letzten Klassenarbeiten so schlecht aus, dass Timo zum Zeitpunkt der Erhebung zweimal in der Woche Nachhilfe bekommt.[225] Im Zuge der Fallstudie hat Timo den Rechentest ZR4+[226] bearbeitet, ein Schultest für vierte und höhere Klassen, bei dem in erster Linie auftretende Fehler und Wissenslücken erfasst werden. Dabei wird das Zahlenrechnen überprüft, nicht aber die Rechengeschwindigkeit oder die Konzentration. Timo rechnete 32 von 80 Aufgaben falsch und liegt damit im Vergleich mit den 300 Schülern der Eichstichprobe im Durchschnitt. Die höchste Fehleranzahl zeigte Timo im Bereich des Kopfrechnens in den vier Grundrechenarten.[227] Schulz betont in ihrer Fallstudie zudem, dass Timo eine sehr negative Einstellung zu Mathematik habe. Sobald dieser auf ein Problem stoße, gebe er direkt auf, weil er nach seinen eigenen Aussagen einfach „zu dumm"[228] für Mathematik sei. Diese negative Einstellung und sein schwaches Selbstvertrauen in Bezug auf Mathematik seien nach Schulz evtl. die Ursache für seine Schwierigkeiten in diesem Fach. Timo sind seine Schwächen sehr wohl bewusst, denn in einem Gespräch gibt er an, dass ein anstehender Mathetest ein Grund für ihn sei, vor dem Einschlafen zu beten.[229] Diese Aussage lässt vermuten, dass Timo im Fach Mathematik unter sehr großem Leistungsdruck steht.

Auch im schriftsprachlichen Bereich sind Timos Leistungen eher schlecht. Auf dem letzten Zeugnis hatte er im Fach Deutsch ein „ausreichend", und nach Aussagen des Klassenlehrers, der Timo in diesem Fach selber unterrichtet, seien seine Leistungen „nicht sehr gut".[230] Im Rahmen der Erhebung wurde der

[225] vgl. ebd. S. 77
[226] Krüger, K.; Hylla, E.; Bargmann, R. 1965
[227] vgl. ebd.
[228] ebd., S.78
[229] vgl. ebd., Anhang, S. 29
[230] vgl. ebd., S.80

Rechtschreibtest HSP 5-9[231] durchgeführt, bei dem Timo 35 von 49 Wörtern richtig schrieb. Mit diesem Ergebnis erzielte er einen Prozentrang von 37, d.h. 63% der Kinder der Vergleichsstichprobe erzielten ein besseres Ergebnis. Ein ähnliches Ergebnis erhielt er mit einem Prozentrang von 39 bei der Anzahl der richtigen Grapheme, die zur Einschätzung des erreichten Niveaus des Rechtschreinkönnens dienen. Ein besonders erschreckender Wert ergab sich bei der wortübergreifenden Strategie, bei der die Fähigkeit geprüft wird, beim Schreiben weitere sprachliche Aspekte zu beachten und größere sprachliche Einheiten zu berücksichtigen. Hier erhielt Timo lediglich einen Prozentrang von 4,8 und damit zeigten 95,2 % der Kinder seiner Altersstufe in diesem Bereich ein besseres Ergebnis.[232] Zusätzlich verfasste Timo im Rahmen der Fallstudie von Schulz eine freie Geschichte, die das Ergebnis der Hamburger Schreibprobe weiter verstärkt. Auch hier zeigte Timo viele Schwierigkeiten, die Wörter orthografisch richtig zu schreiben.[233] Wie anhand dieser Testergebnisse deutlich wird, hat Timo sehr große Probleme mit der deutschen Rechtschreibung.

Timo hat im Zuge der Fallstudie neben den Tests in Mathematik und Deutsch zudem noch den Angstfragebogen AFS[234] für Schüler ausgefüllt. Dieser Fragebogen ermittelt die ängstlichen und unlustvollen Erfahrungen von Schülern zwischen 9 und 17 Jahren. Besonders auf der Skala Schulunlust erzielte Timo einen sehr hohen Prozentrang von 95. Nur 5% aller anderen Schüler zeigen noch weniger Lust an der Schule als Timo.[235] Timos Aussagen zu Schule decken sich mit diesem traurigen Ergebnis. Im Gespräch mit Schulz erwähnte Timo mehrfach, dass er die Schule „doof" finde.[236] An dieser Stelle kann man sich die Frage stellen, ob Timos schlechte Leistungen Ursache für diese starke Schulunlust sind oder ob umgekehrt der offensichtlich mangelnde Spaß an der Schule Timos Leistungen so stark beeinflusst. Da mir für die Beantwortung dieser Frage die notwendigen Daten fehlen, muss die Frage zunächst offen bleiben.

---

[231] May 2002
[232] vgl. Schulz 2000, S. 81
[233] vgl. ebd.
[234] Wieczerkowski/ Nickel/ Janowski/ Fittkau/ Rauer 1975
[235] vgl. Schulz 2000, S. 64
[236] vgl. ebd.

Im Arbeitsstil und der Konzentrationsfähigkeit sind mir bei Timo im Rahmen der Fallstudie keine negativen Auffälligkeiten aufgefallen. Timo sei nach Aussagen des Klassenlehrers stets bemüht und sehr pflichtbewusst.[237] Beim Konzentrationstest d2[238] bewies Timo mit einem insgesamt überdurchschnittlichen Ergebnis[239], dass er sich sehr gut konzentrieren kann.

8.2.4.4 Weitere Auffälligkeiten

Obwohl meine Analyse von Timos Sozialverhalten keine nennenswerten Auffälligkeiten ergab, berichten die Mutter und der Jungscharleiter davon, dass sich Timo nach der Trennung kurzfristig doch verändert habe. Diese Veränderung betrifft jedoch weniger sein nach außen sichtbares Verhalten (deshalb wurde es oben nicht erwähnt), als vielmehr seine Persönlichkeit. Timos Jungscharleiter erzählte im Interview mit Schulz, dass Timo nach der Trennung ein gutes Stück seiner kindlichen Unbeschwertheit verloren habe. Die ihn sonst umgebende Fröhlichkeit sei auf einmal weg gewesen. [240] Diese habe Timo zwar zu großen Teilen nun wieder gefunden, dennoch erzähle Timo nicht mehr so gerne von privaten Dingen, wie er das früher getan habe.[241] Auch Timos Mutter ist diese Veränderung aufgefallen. Sie berichtet, dass es in der ersten Zeit nach der Trennung sehr schwer für Timo gewesen sei, aber mittlerweile sei er „wieder mehr der Timo, der er mal war. Also er is wieder fröhlicher.“[242]

Zusammenfassend lässt sich sagen, dass ich bei Timo keine Auffälligkeiten im Sozialverhalten feststellen konnte. Er zeigt zu keinem Zeitpunkt das in der Literatur häufig genannte und für viele Jungen sehr typische (vgl. Kapitel 6.2.2) ausagierende und aggressive Verhalten seinen Mitmenschen gegenüber. Bei Timos überwiegend schlechten schulischen Leistungen dagegen kann ein Zusammenhang nicht ausgeschlossen werden. Um jedoch einen eventuellen kausalen Zusammenhang zu belegen, fehlen mir die nötigen Daten aus der Zeit vor der elterlichen Trennung. Somit weiß ich nicht, ob Timo in seiner Grundschulzeit schon dieselben schulischen Schwierigkeiten hatte oder nicht. Insbesondere Timos schlechte mathematische Fähigkeiten jedoch unterstützen

---

[237] vgl. ebd., S. 58
[238] Brickenkamp 1994
[239] vgl. Schulz 2000, S. 71
[240] vgl. ebd., Anhang, S. 265, Zeile 19-26
[241] vgl. ebd., Anhang, S. 267, Zeile 6-9
[242] ebd., Anhang, S. 252, Zeile 20-21

die wissenschaftlichen Studien, die herausgefunden haben, dass Kinder, die ohne Vater aufwachsen, häufiger Probleme in Mathematik haben (vgl. Kapitel 6.3).

Zu bedenken ist sicherlich, dass die familiäre Situation mit der ganztätigen Erwerbstätigkeit der Mutter und der daraus resultierenden mangelnden Zeit für die Betreuung von Timo die schulischen Probleme weiter verstärken. Timo habe nach Aussagen von Schulz häufig Schwierigkeiten bei den Hausaufgaben, die er ohne seine Mutter nicht lösen könne. Da diese nur abends Zeit habe, könne Timo einen großen Teil seiner Hausaufgaben erst später erledigen und so komme es vor, dass Mutter und Sohn oftmals bis zum Schlafen gehen über den Büchern säßen. [243] Ob Timos Leistungen aber tatsächlich besser wären, wenn die Mutter mehr Zeit hätte, mit ihrem Sohn zu lernen, kann hier nicht geklärt werden und muss deshalb offen bleiben.

---

[243] vgl. ebd., S. 65

9. Zusammenfassung der Ergebnisse aus den Fallstudien

Aufgrund der Fülle von Daten werde ich die Zusammenfassung der Ergebnisse aus meiner Analyse analog der Gliederung im Theorieteil vornehmen. So können auftretende Übereinstimmungen oder Diskrepanzen zwischen den Ergebnissen des theoretischen Teils (Teil 1 dieser Arbeit), die ich in Hypothesen zusammenfassen werde, und meinen beobachteten Ergebnissen aus den einzelnen Fallstudien (Teil 2 dieser Arbeit) besser gegenübergestellt und zusammengefasst werden.

9.1 Sozialverhalten

Bei den Auffälligkeiten im Sozialverhalten unterscheidet die Wissenschaft strikt zwischen Jungen und Mädchen (vgl. Kapitel 6.2.2). Analog der Theorie lassen sich folgende zwei Thesen aufstellen.

1. Jungen reagieren nach einer Trennung häufig mit einem externalisierenden, aggressiven Sozialverhalten.

Die zwei Jungen aus meinen Fallstudien reagierten nicht in der von der Wissenschaft vorausgesagten Art und Weise. Bei beiden konnte ich keinerlei aggressives oder ausagierendes Verhalten ihrer sozialen Umwelt gegenüber feststellen. Die Gefühle von Wut und Zorn auf die Elternteile, die die Trennung initiiert hatten, scheinen weder bei Tim-Niklas noch bei Timo aufgetreten zu sein. In beiden Fällen ist das Sozialverhalten als unauffällig zu beschreiben.

2. Mädchen reagieren meist mit internalisierendem, angepasstem Sozialverhalten.

Die zwei Mädchen aus meinen Studien reagierten beide mit der beschriebenen Verhaltensweise. In beiden Fällen zeigten diese ein extrem sozial angepasstes Verhalten. Sowohl Trixi als auch Leslie Annabell sind stets darum bemüht, ihren Mitmenschen zu gefallen und zeigen beide eine große Angst, auch von anderen Bezugspersonen verlassen zu werden.

Zusammenfassend kann man festhalten, dass sich die wissenschaftlichen Vorhersagen zu den geschlechtsspezifischen Reaktionen in zwei von vier Fällen bewahrheitet haben. Interessanterweise steht dieses Ergebnis im Widerspruch zu der in der Theorie gemachten Aussage, Jungen würden unter einer Trennung stärker bzw. deutlich sichtbarer leiden. Bei den vier hier analysierten Fallstudien schienen dagegen die Mädchen stärker betroffen zu sein.

Neben den geschlechtsspezifischen Verhaltensweisen spielt in der Wissenschaft das Alter der betroffenen Kinder eine wichtige Rolle (vgl. Kapitel 6.2.1). Die typischen altersspezifischen Reaktionen auf ein Trennungserlebnis lassen sich in folgende Thesen zusammenfassen.

3. Kinder in der Altersgruppe zwischen sieben und acht Jahren reagieren meist mit stark angepasstem Sozialverhalten

Zwei der vier ausgewählten Kinder fallen in die Altersgruppe der Sieben- bis Achtjährigen (Trixi (8) und Tim-Niklas (8)). Hier konnte ich in einem (Trixi) von zwei Fällen das in der Theorie beschriebene altersspezifische Verhalten von sozialer Anpassung beobachten. Der andere Fall (Tim-Niklas) dagegen bestätigt die wissenschaftliche Voraussage nicht. Das Sozialverhalten von Tim-Niklas war durchweg unauffällig.

4. Kinder in der Altersgruppe von neun bis zwölf äußern ihren Zorn über die familiäre Situation in teils heftigen Aggressionen ihrer Umwelt gegenüber

Timo ist elf Jahre und müsste der entsprechenden Altersgruppe zufolge ein aggressives Verhalten zeigen. Diesen Erwartungen entsprach Timos Verhalten aber nicht. Dieser zeigte zu keiner Zeit ein aggressives Verhalten seiner Umwelt gegenüber.

Im Fall von Leslie Annabell kann ich bezüglich der altersspezifischen Reaktionsweisen nur wenig Aussagen machen, da die Trennung ihrer Eltern bereits im Kleinkindalter stattfand und damit deutlich mehr als die in der Theorie genannten zwei Jahre, in denen die Reaktionen auf die Trennung vor allem deutlich werden, vergangen sind. Eine Einteilung in die oben gemachten Alterskategorien ist deshalb hier nicht sinnvoll.

Insgesamt kann man festhalten, dass sich die altersspezifischen Vorhersagen der Wissenschaft in nur einem von drei Fällen als wahr herausgestellt haben.

9.2 Schulische Leistungen und ihre Bedingungen

Bezüglich der schulischen Leistungen muss man zwischen den schriftsprachlichen und mathematischen Fähigkeiten auf der einen Seite und dessen Bedingungen wie Arbeitsstil und Konzentrationsfähigkeit auf der anderen Seite unterscheiden. Fasst man die in Kapitel 6.3 geschilderten wissenschaftlichen Ergebnisse zusammen, so ergeben sich für diese Arbeit vier sich teilweise widersprechende Thesen, die ich im Folgenden darstellen werde.

1. Eine Trennung hat keinen Einfluss auf die schriftsprachlichen und mathematischen Leistungen der betroffenen Kinder.[244]

oder

2. Eine Trennung bewirkt eine Verschlechterung der schriftsprachlichen und mathematischen Leistungen der betroffenen Kinder.[245]

In zwei von vier Fällen konnte ich unterdurchschnittliche schulische Leistungen sowohl im schriftsprachlichen als auch im mathematischen Bereich nachweisen. Bei Trixi und Timo bewiesen die im Rahmen der Fallstudie durchgeführten Tests sowie die Schulnoten deutliche Schwächen. In einem von vier Fällen (Leslie Annabell) wurden nur Defizite im mathematischen Bereich nicht aber im schriftsprachlichen Bereich festgestellt, und in einem weiteren Fall überzeugte das Kind (Tim-Niklas) durch sehr gute Leistungen in der Schule. Besonders interessant ist hier der Fall von Trixi, da hier ein Vorher-Nachher-Vergleich vorliegt, bei dem nach der Trennung einer Verschlechterung der schulischen Leistungen zu beobachten war. Dieses Ergebnis unterstützt somit die zweite These. Die insgesamt unterschiedlichen Resultate meiner Fallanalyse bestärken die heterogenen Ergebnisse der wissenschaftli-

---

[244] vgl. Ergebnisse der Pisa-Studie, zit. nach: Schlemmer 2004, S. 97
[245] vgl. Wallerstein & Kelly 1976, zit. nach: Röhner 2003, S. 114

chen Forschung. Es kann an dieser Stelle somit nicht abschließend geklärt werden, welche der beiden ersten Thesen mehr Relevanz hat.

3. Eine Trennung bewirkt eine Verschlechterung des Arbeitsstils und der Konzentrationsfähigkeit der betroffenen Kinder.[246]

Bezüglich dieser These konnte ich nur wenig spezifische Beobachtungen machen. Nur in einem von vier Fällen konnte ich überhaupt auf für mich relevante Beobachtungen des Autors der entsprechenden Fallstudie zurückgreifen. In diesem Fall (Tim-Niklas) wurden keine negativen Auswirkungen entdeckt. Dieser zeigte weder einen schlechteren Arbeitsstil noch eine verminderte Konzentrationsfähigkeit. Dieser eine Fall widerspricht somit der These, kann aber aufgrund der unzureichenden Datenbasis nicht als Maßstab herangezogen werden.

4. Kinder, die ohne Vater aufwachsen, zeigen schlechtere Leistungen im mathematischen Bereich.[247]

Der vierten These kann ich in drei von vier Fällen zustimmen. Alle vier untersuchten Kinder lebten nicht im selben Haushalt wie ihr Vater, und in drei Fällen zeigten die Kinder zum Teil große Schwächen in Mathematik. Ganz besonders interessant ist dabei der Fall von Leslie Annabell, die ausschließlich in diesem Bereich Schwierigkeiten zeigt. In diesem speziellen Fall verhärtet sich die Vermutung, dass tatsächlich ein Zusammenhang zwischen den mathematischen Fähigkeiten und dem Aufwachsen ohne Vater besteht. Gegen diese Vermutung wiederum spricht der Fall von Tim-Niklas, der gute mathematische Fähigkeiten beweist.

9.3 Weitere Auffälligkeiten

In allen vier untersuchten Fallstudien konnte ich neben den Veränderungen im Sozialverhalten und den Beeinträchtigungen in den schulischen Leistungen weitere typische Reaktionen, wie sie in Kapitel 6.4 beschrieben wurden, entdecken. In zwei von vier Fällen zeigten die Kinder eine Regression in ihrer

---

[246] vgl. Röhner 2003, S. 114
[247] vgl. Fthenakis/ Niesel/ Kunze 1982, S. 65

Entwicklung, die sich durch nächtliches Bettnässen äußerte. Zusätzlich litten diese Kinder unter Alpträumen bzw. einer starken inneren Unruhe. In einem Fall wurde eine kurzfristige Veränderung der Persönlichkeit im Sinne einer starken Verschlossenheit und Traurigkeit beobachtet. Zusätzlich konnte ich in einem Fall ein Verhalten entdecken, das so in der mir zur Verfügung stehenden, einschlägigen Literatur nicht aufgeführt wurde: nämlich das Verstecken von Essensresten. Es soll an dieser Stelle kein erneuter Versuch einer Interpretation erfolgen, dennoch ist es mir wichtig, die Ernsthaftigkeit einer solchen Verhaltensweise im Rahmen dieser Arbeit hervorzuheben, denn dieses seltsame Verhalten der elfjährigen Leslie Annabell könnte ein Hinweis auf eine bereits manifeste psychische Störung sein. (vgl. Kapitel 8.2.3.4)

9.4 Faktoren, die das Scheidungserleben beeinflussen

Die Zusammenfassung der Ergebnisse der vier Fallstudien zeigt, dass die Trennung der Eltern sehr unterschiedliche Auswirkungen auf die einzelnen Kinder hatte. Dabei ist auffällig, dass der Grad der sichtbaren Auffälligkeiten im Sozialverhalten und den schulischen Leistungen stark schwankt. Während Trixi und Leslie Annabell deutliche Reaktionen in nahezu allen analysierten Bereichen zeigen, kann man z.B. bei Tim-Niklas kaum oder gar keine in der Literatur beschriebenen typischen Scheidungsreaktionen erkennen. An dieser Stelle muss man sich die Frage stellen, warum sich schon bei einem derart kleinen Vergleich von nur vier Kindern solche großen Unterschiede im Ergebnis zeigen. Was war bei Tim-Niklas anders als im Fall von Trixi oder Leslie Annabell? Natürlich kann man aufgrund der relativ kleinen Anzahl von vergleichbaren Fallstudien nicht ausschließen, dass dieses Ergebnis ein Zufall ist, dennoch unterscheidet sich der Fall von Tim-Niklas in ein paar wichtigen Faktoren von den anderen Fällen. In diesem Zusammenhang möchte ich die Ergebnisse aus den Fallstudien vor dem Hintergrund der in Kapitel 7 dargestellten Einflussfaktoren an dieser Stelle zusammenfassen und dabei auf ihre Bedeutung in den hier vorliegenden Fällen überprüfen. Dabei werde ich in erster Linie die Fallstudien von Tim-Niklas und Leslie Annabell gegenüberstellen, da diese die genannten Faktoren in ihrer ausgeprägtesten Form repräsentieren. Wie schon zuvor werde ich diese Gegenüberstellung anhand von drei einzelnen Thesen vornehmen.

1. Die Qualität der Mutter-Kind Beziehung entscheidet über das subjektive Scheidungsempfinden des betroffenen Kindes

Die Relevanz dieses Faktors wird deutlich, wenn wir z.B. auf der einen Seite das Verhältnis zwischen Tim-Niklas und seiner Mutter und auf der anderen Seite die Beziehung zwischen Leslie Annabell und ihrer Mutter betrachten. Das Verhältnis zwischen Tim-Niklas und seiner Mutter ist als „normal" zu beschreiben. Die Mutter scheint weder mit der Situation des Alleinerziehens überfordert zu sein, noch – und das ist hier im Vergleich zu dem Fall von Leslie Annabell sehr entscheidend – nutzt sie Tim-Niklas als Partnerersatz. Im Gegensatz dazu ist die Beziehung zwischen Leslie Annabell und ihrer Mutter als „unnormal" zu bezeichnen. Leslie Annabells Mutter schafft es nicht, ihre eigenen Sorgen von ihrer Tochter fern zu halten, sondern betrachtet diese als Ersatzpartner, so dass sie offen mit ihr über alle anfallenden Probleme und Sorgen redet. Die sonst natürliche Distanz zwischen Mutter und Kind ist in diesem Fall nicht mehr gegeben. Leslie Annabell scheint mit dieser Situation überfordert zu sein, kann sich aber dennoch nicht gegen ihre Mutter wehren, da sie ihre einzige Bezugsperson ist. Ihr auffälliges Sozialverhalten und vor allem das Verstecken von Essensresten sind vermutlich die Folge dieser gestörten Mutter-Kind Beziehung.

Die Gegenüberstellung dieser beiden Fallbeispiele verdeutlicht die Bedeutung der ersten These. Eine Generalisierung ist an dieser Stelle allerdings nicht möglich, da in den beiden anderen Fallstudien Auffälligkeiten bei den Kindern beobachtet wurden, obwohl die Qualität der Mutter- Kind Beziehung gut bzw. normal ist. Es scheint somit noch andere entscheidende Einflussfaktoren zu geben, die ebenfalls erfüllt sein müssen, um das Erleben der Trennung für die Kinder einfacher zu machen.

2. Die Qualität der Beziehung zwischen den getrennten Eltern beeinflusst das Scheidungserleben des betroffenen Kindes

Bezüglich dieser zweiten These möchte ich erneut auf den Fall von Tim-Niklas zurückgreifen, da dieser hier als sehr positives Beispiel dient. Der Kontakt zwischen Tim-Niklas Eltern ist auch nach der Trennung sehr freundschaftlich und kooperativ. Dieses Verhältnis macht es möglich, dass der Vater mehrmals in der Woche seine Kinder zu Hause besucht und diese sogar abends ins Bett bringt. Für Tim-Niklas bedeutet die Trennung damit keine so drastischen Veränderungen wie für andere Kinder, die nach der Trennung kaum oder gar keinen Kontakt – wie im Fall von Leslie Annabell – mehr zu ihren Vätern haben. Da sich die Eltern weiterhin sehr gut verstehen, ist davon auszugehen, dass Tim-Niklas in der Phase nach der Trennung keinen oder kaum Streitereien ausgesetzt war und deshalb auch in keinen Loyalitätskonflikt geriet (vgl. Kapitel 5.2.1). Der weiterhin bestehende gute Kontakt zwischen Tim-Niklas und seinem Vater wird zudem nicht von Seiten der Mutter verboten oder gar mit Liebesentzug bestraft. Stattdessen haben Tim-Niklas und seine Schwester jederzeit die Möglichkeit, ihren Vater zu sehen, ohne dabei negative Sanktionen seitens der Mutter befürchten zu müssen. In den Fällen von Trixi und Timo haben die Eltern zwar ebenfalls noch Kontakt zueinander, allerdings scheint dieser nicht in einer derart häufigen und zudem offenen und freundschaftlichen Art und Weise stattzufinden, wie bei den Eltern von Tim-Niklas. Timos Eltern haben z.B. keinen persönlichen Kontakt mehr, dieser findet nur zwischen Timo und seinem Vater statt. Diese Treffen finden auch nicht, wie bei Tim-Niklas, in der ehemals gemeinsamen Wohnung statt, sondern bestehen meist in gemeinsamen Tagesausflügen ohne Timos Mutter (vgl. Kapitel 8.2.4).

Vergleicht man die Ergebnisse der vier Fallstudien, so kann man bei Tim-Niklas am wenigsten Auffälligkeiten im Sinne von Scheidungsreaktionen beobachten. Der Fall von Tim-Niklas als positives Beispiel lässt vermuten, dass somit auch die zweite These eine große Bedeutung hat.

> 3. Der gute und regelmäßige Kontakt zu den Großeltern oder weiteren
> sozialen Netzwerken schützen das Kind vor sozialer Isolation

Der Fall von Leslie Annabell verdeutlicht in sehr erschreckender Weise die Bedeutung der dritten hier genannten These. Leslie Annabell hat keinen nennenswerten Kontakt zu anderen erwachsenen Personen wie z.B. ihren Großeltern oder ihrem leiblichen Vater. Leslie Annabell scheint nahezu sozial isoliert zu sein. Da Leslie Annabells Mutter selber ein schlechtes Verhältnis zu ihrer Mutter hat, besteht keine Möglichkeit für Leslie Annabell, Kontakt zu ihrer Großmutter bzw. ihrem Großvater aufzubauen. Anhand der Beobachtungen in der Fallstudie hatte ich mehrfach das Gefühl, dass Leslie Annabell in der intensiven Muter-Kind Beziehung gefangen ist. Ihr auffällig angepasstes Sozialverhalten scheint die Folge dieser intensiven Beziehung zu sein. Zudem hat Leslie Annabell aufgrund der ganztägigen Berufstätigkeit der Mutter keine Gelegenheit, Spielkameraden zu sich nach Hause einzuladen. Folglich hat diese auch nur sehr wenig Kontakt zu Gleichaltrigen. In allen drei weiteren Fallstudien dagegen haben die Kinder einen mehr oder minder starken Kontakt zu den Großeltern. Im Fall von Timo wird der Großvater sogar als zusätzliche wichtige Bezugsperson von der Mutter hervorgehoben. Bei keiner der drei anderen Kinder konnte ich ein so auffälliges Sozialverhalten wie bei Leslie Annabell beobachten. Vieles spricht dafür, dass insbesondere diese soziale Isolation die Ursache für dieses Verhalten ist.

Diese Zusammenfassung bzw. Gegenüberstellung der Ergebnisse verdeutlicht, dass die Auswirkungen einer Trennung für jedes Kind sehr unterschiedlich sein können: Die genannten Faktoren wie eine gute und nicht überfordernde Eltern-Kind-Beziehung, eine kooperative Beziehung zwischen den getrennten Eltern und der Kontakt zu weiteren Bezugspersonen können die Verarbeitung der Trennung erleichtern und die negativen Folgen im Sozialverhalten und den schulischen Leistungen deutlich abmildern. Bei dem Vergleich der Fallstudien wurde deutlich, dass eine Trennung nicht notwendigerweise eine Schädigung des Kindes bedingen muss. Gelingt es den Eltern, einen guten und friedlichen Kontakt aufrechtzuerhalten, und schafft es der sorgeberechtigte Elternteil, weiterhin seine Rolle als Mutter bzw. Vater verantwortungsbewusst zu erfüllen, so werden auch die Kinder sich nach einer kurzen Phase der Neuorientierung an die gegebene Situation anpassen. Gelingt dies nicht, können die Veränderungen vor, während und nach der Trennung zu ernsten Problemen führen, die sich in sichtbaren und vor allem unsichtbaren Reaktionen der Kinder niederschlagen. In der Zusammenfassung hat sich gezeigt, dass vor allem die Mädchen aus meinen Fallstudien aufgrund von Verlustängsten oft mit übertrieben starker Anpassung breagieren. In schweren Fällen lässt sich meist auch eine Korrelation mit unterdurchschnittlichen Schulleistungen beobachten. Alle drei in Kapitel 7 genannten Einflussfaktoren scheinen von großer

Bedeutung, wenn es darum geht, wie bzw. in welchem Ausmaß sich eine Trennung auf die betroffenen Kinder auswirkt.

10. Literaturverzeichnis

Bauers, B. (1997): Psychische Folgen von Trennung und Scheidung für Kinder. In: Menne, K./ Schilling, H./ Weber, M. (1997) (Hrsg.). S. 39- 62

Baumrind, D. (1981): Kindererziehung zwischen Biologie und Emanzipation. In: Psychologie Heute (1981). Ausgabe 08/81. S. 66- 74

Beal, E.W./ Hochmann, G. (1992): Wenn Scheidungskinder erwachsen sind – Spätfolgen der Trennung. Fischer Verlag: Frankfurt a. Main

Braches-Chyrek, R. (2002): Zur Lebenslage von Kindern in Ein-Eltern-Familien. Leske + Budrich: Opladen

Bundeszentrale für politische Bildung (2005): Die soziale Situation in Deutschland. Bundeszentrale für politische Bildung: Bonn.

Dusolt, H. (2004): Wie Großeltern bei Trennung und Scheidung helfen können.
http://www.familienhandbuch.de/cmain/f_Aktuelles/a_Trennung_Scheidung/s_1487.html (Stand: 22.01.2007)

Emmerling, D. (2005): Ehescheidungen 2004. In: Wirtschaft und Statistik (2005). Ausgabe 12/05. S. 1273- 1282

Ettrich, K.U./ Krause, R./ Hofer, M./ Wild, E. (1996): Der Einfluss familienbezogener Merkmale auf die Schulleistungen ost- und westdeutscher Jugendlicher. In: Unterrichtswissenschaft. Zeitschrift für Lernforschung. 24/2. S. 106- 127

Figdor, H. (1998): Scheidungskinder – Wege der Hilfe. 2. Auflage. Psychosozial-Verlag: Gießen

Figdor, H. (2004): Kinder aus geschiedenen Ehen: Zwischen Trauma und Hoffnung. Wie Kinder und Eltern die Trennung erleben. Psychosozial-Verlag: Gießen

Fthenakis, W.E. (1998): Intergenerative familiale Beziehungen nach der Scheidung und Wiederheirat aus Sicht der Großeltern, in: Zeitschrift für Soziologie der Erziehung und Sozialisation. 2/18. S. 152- 167

Fthenakis, W.E./ Niesel, R./ Kunze, H.-R. (1982): Ehescheidung- Konsequenzen für Eltern und Kinder. Urban und Schwarzenberg: München, Wien, Baltimore

Goldstein, S. / Solnit, A. J. (1989): Wenn Eltern sich trennen: was wird aus den Kindern?. Klett-Cotta: Stuttgart

Hetherington, E. M./ Kelly, J. (2003): Scheidung – Die Perspektiven der Kinder. Beltz: Weinheim, Basel, Berlin

Hetherington, E.M. (1989): Coping with Family Transitions: Winners, Losers, and Survivors. In: Child Development, 60 (1). S. 1-14

Hetherington, E.M. / Cox, M. / Cox, R. (1978): The aftermath of divorce. In: Stevens, J.H. / Mathews, M. (1978) (Hrsg.): Mother-Child, Father-Child relationships. National association for the education of young children: Washington D.C. S. 149-176

Kaslow, W.F. / Schwartz, L.L. (1987): The dynamics of divorce. A Life Cycle Perspective. Brunner/Mazel Inc.: New York

Krieger, Wolfgang (1997): Elterliche Trennung und Scheidung im Erleben von Kindern, Sichtweisen – Bewältigungsformen – Beratungskonzepte Verlag für Wissenschaft und Bildung: Berlin

Krombholz, H. (1989): Zusammenhänge zwischen mütterlicher Berufstätigkeit und Schulleistungen in der Grundschule. In: Zeitschrift für Familienforschung. 2. S. 28-35

Kuntzag, L. (1995): Scheiden tut weh: Kinder und Eltern im Trennungsprozess. Ravensburger Buchverlag: Ravensburg

Menne, K./ Schilling, H./ Weber, M. (1997): Kinder im Scheidungskonflikt: Beratung von Kindern und Eltern bei Trennung und Scheidung. 2. Auflage. Juventa Verlag: Weinheim, München

Osthoff, R. (1997): Elterliche Trennung und Scheidung aus der Perspektive der betroffenen Kinder. In: Krieger, Wolfgang (1997) (Hrsg.). S. 77-106

Price-Bonham, S. / Balswick, J.O. (1980): The Noninstitutions: Divorce, Desertion, and Remarriage. In: Journal of Marriage and the Family. 42. S. 959-972

Röhner, C. (2003): Kinder zwischen Selbstsozialisation und Pädagogik. Leske + Budrich: Opladen

Rutter, M. (1979): Maternal Deprevation, 1972-1978: New Findings, New Concepts, New Approaches. In: Child Development,. 50. S. 283-305

Schlemmer, E. (2004): Familienbiografien und Schulkarrieren von Kindern-Theorie und Empirie. Verlag für Sozialwissenschaften: Wiesbaden

Schmitt, M. (1997): Präventive Methoden in der Gruppenarbeit mit Kindern in Trennungs- und Scheidungssituationen. In: Krieger, Wolfgang (1997) (Hrsg.). S. 11-76

Statistisches Bundesamt (2004): Fast jedes siebte Kind wächst bei Alleinerziehenden auf. Pressemitteilung vom 12. Mai 2004

Textor, M.R. (2006): Die Scheidungsphase: Eltern-Kind-Beziehung und Reaktionen der Kinder.
http://www.familienhandbuch.de/cmain/f_Aktuelles/a_Trennung_Scheidung/s_274.html (Stand: 22.01.2007)

Wallerstein, J.S. (1984): Children of Divorce: Preliminary report of a ten year follow-up of young children. In: American Journal of Orthopsychiatry. 54. S. 444 458

Wallerstein, J.S. / Kelly, J.B. (1980): Surviving the breakup. Basic Books: New York

Wallerstein, J.S. / Kelly, J.B. (1976): The Effects of Parental Divorce: Experiences of the Child in later Latency. In: American Journal of Orthopsychiatry. 46. S. 256- 269

Fallstudien:

Bude, I. (2004): Entwicklung der schriftsprachlichen und mathematischen Kompetenzen, Erfahrungen und Interessen der Zweitklässlerin Trixi K. im Kontext ihrer persönlichen Entwicklung und sozialen Lebenswelt. Unveröffentlichte Staatsarbeit im Projekt Lisa&Ko; Fachbereich 2. Universität Siegen

Hundebrink, K. (1999): Die Lebens-, Lern- und Denkwelt eines Kindes – eine Fallstudie. Unveröffentlichte Staatsarbeit im Projekt Lisa&Ko; Fachbereich 2. Universität Siegen

Kuhlmann, B. (2003): Entwicklung der schriftsprachlichen und mathematischen Kompetenzen, Erfahrungen und Interessen der Fünftklässlerin Leslie Annabell im Kontext ihrer persönlichen Entwicklung und sozialen Lebenswelt. Unveröffentlichte Staatsarbeit im Projekt Lisa&Ko; Fachbereich 2. Universität Siegen

Riedl, S. (2000): Jasmin – Fallstudie einer achtjährigen Grundschülerin im Rahmen des Projektes „Lernbiografien von 5 bis 15 im sozialen Kontext" unter besonderer Berücksichtigung der Familienkonstellation. Unveröffentlichte Staatsarbeit im Projekt Lisa&Ko; Fachbereich 2. Universität Siegen

Schöler, V. (2002): Schriftsprachliche und mathematische Kompetenzen, Erfahrungen und Interessen der fünfjährigen SANDRA im Kontext ihrer persönlichen Entwicklung und sozialen Lebenswelt. Unveröffentlichte Staatsarbeit im Projekt Lisa&Ko; Fachbereich 2. Universität Siegen

Schulz, S. (2000): Fallstudie eines Elfjährigen im Rahmen des Projekts „Lernbiografien von 5 bis 15 sozialen Kontext" unter besonderer Berücksichtigung der familiären Trennungssituation. Unveröffentlichte Staatsarbeit im Projekt Lisa&KO; Fachbereich 2. Universität Siegen

Instrumente aus dem Projekt LISA&KO.:

Krüger, K./ Hylla, E./ Bargmann, R. (1965): Zahlenrechnen ZR 4+. Diagnostischer Rechentest für 4. und höhere Klassen. Beltz: Weinheim.

Lehmann, R./ Peek, R./ Poerschke, J. (1997): Hamburger Lesetest für 3. und 4. Klassen (HAMLET 3-4). Beltz: Weinheim, Basel

May, P. (2002): Hamburger Schreibprobe zur Erfassung der grundlegenden Rechtschreibstrategien. 6. aktualisierte und erweiterte Auflage. Verlag für pädagogische Medien: Hamburg

Mietzel, G./ Willenberg, H. (2000): Hamburger Schulleistungstest für 4. und 5. Klassen. Hogrefe: Göttingen, Bern, Toronto, Seattle

Projekt LISA&KO. (2002): Mathematik-Handreichung zu den Instrumenten für 7/8- jährige. Universität Siegen

Rieder. O. (1971): Allgemeiner Schulleistungstests für 2. Klassen (AST 2). Beltz: Weinheim, Basel.

Schuck, K.- D. / Eggert, D./ Raatz, U. (1975): Columbia Mental Maturity Scale (CMM 1-3). Sprachfreier Gruppenintelligenztest für die Grundschule. Beltz: Weinheim

Spitta, G. (1994): Schreibentwicklungstabelle. In: Die Grundschulzeitschrift/ SD Deutsch. S. 28

Weinert, F.E. (1989): Arithmetiktests 2.-4. Schuljahr, Entwicklung im Grundschulalter. München

Wieczerkowski, W./ Nickel, H./ Janowski, A.,/ Fittkau, B./ Rauer, W. (1975): AFS. Angstfragebogen für Schüler. 2. veränderte Auflage. Westermann: Braunschweig

11. Anhang

Jahr	Ehe-lösungen	Davon		
		durch gerichtliche Ehescheidung	durch gerichtliche Aufhebung (oder Nichtig-keitserklärung der Ehe)[1]	durch Tod eines Ehepartners
1990[2]	527 134	154 786	172	372 176
1991	504 679	136 317	167	368 195
1992	494 163	135 010	169	358 984
1993	519 692	156 425	221	363 046
1994	524 068	166 052	444	357 572
1995	528 378	169 425	575	358 378
1996	531 975	175 550	653	355 772
1997	536 748	187 802	681	348 265
1998	537 543	192 416	538	344 589
1999	531 587	190 590	170	340 827
2000	533 967	194 408	222	339 337
2001	532 719	197 498	252	334 969
2002	543 428	204 214	392	338 822
2003	557 002	213 975	299	342 728
2004	546 566	213 691	371	332 504

1) Seit dem 1. Juli 1998 gibt es nur noch die gerichtlichen Aufhebungen. –
2) Ohne Aufhebungen und Nichtigkeitserklärungen in den neuen Ländern und Berlin-Ost.

Tabelle 1: Ehelösungen seit 1990 (Emmerling 2005, S. 1274)

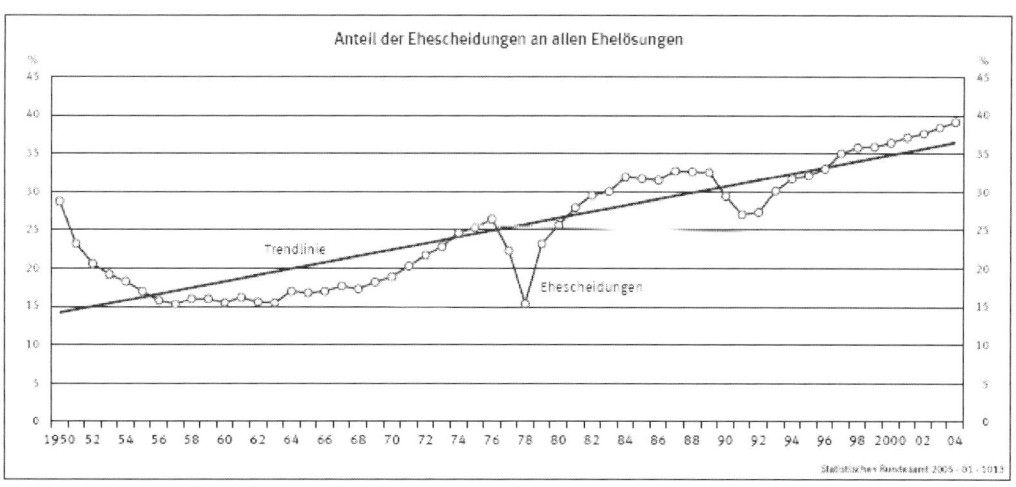

Abbildung 1: Anteil der Ehescheidungen an allen Ehelösungen (Emmerling 2005, S. 1274)

Jahr	Deutschland	Früheres Bundesgebiet[1]	Neue Länder[2]	Früheres Bundesgebiet[1]	Neue Länder[2]	Früheres Bundesgebiet[1]	Neue Länder[2]
		Anzahl		je 10 000 Einwohner[3]		je 10 000 bestehende Ehen[4]	
1960	73 418	48 878	24 540	8,8	14,2	35,7	.
1965	85 304	58 728	26 576	10,0	15,6	39,2	60,9
1970	103 927	76 520	27 407	12,6	16,1	50,9	63,9
1975	148 461	106 829	41 632	17,3	24,7	67,4	98,8
1976	153 061	108 258	44 803	17,5	26,7	68,8	106,5
1977	117 795	74 658	43 137	12,2	25,7	47,7	102,6
davon (1977):							
altes Recht	X	72 959	X	X	X	X	X
neues Recht	X	1 699	X	X	X	X	X
1978	75 758	32 462	43 296	5,3	25,8	20,8	102,8
1979	124 225	79 490	44 735	13,0	26,7	51,0	106,3
1980	141 016	96 222	44 794	15,6	26,8	61,3	106,6
1981	158 087	109 520	48 567	17,8	29,0	72,3	115,9
1982	168 348	118 483	49 865	19,2	29,9	78,4	120,2
1983	170 941	121 317	49 624	19,8	29,7	80,6	120,3
1984	181 064	130 744	50 320	21,3	30,2	87,1	122,4
1985	179 364	128 124	51 240	21,0	30,8	86,1	125,1
1986	174 882	122 443	52 439	20,1	31,5	82,6	128,5
1987	180 490	129 850	50 640	21,2	30,4	87,6	124,3
1988	178 109	128 729	49 380	20,9	29,6	86,6	121,1
1989	176 691	126 628	50 063	20,4	30,1	84,6	122,8
1990	154 786	125 308	29 478	19,4	19,9	81,1	78,4
1991	136 317	128 187	8 130	19,6	5,6	81,9	22,1
1992	135 010	125 907	9 103	19,0	6,3	79,7	25,1
1993	156 425	139 157	17 268	20,8	12,0	87,3	48,3
1994	166 052	145 060	20 992	21,6	14,7	90,6	59,4
1995	169 425	147 945	21 480	21,9	15,1	92,3	61,5
1996	175 550	152 798	22 752	22,5	16,0	95,2	65,8
1997	187 802	161 265	26 537	23,7	18,8	103,7	77,5
1998	192 416	163 386	29 030	24,0	20,7	105,7	85,7
1999	190 590	161 787	28 803	23,8	20,6	101,8	85,9
2000	194 408	164 971	29 437	24,2	21,2	104,0	88,6
2001	197 498	168 427	29 071	24,6	21,1	106,5	88,7
2002	204 214	175 226	28 988	25,5	21,2	111,6	89,9
2003	213 975	183 824	30 151	26,7	22,2	117,6	94,9
2004	213 691	183 816	29 875	26,6	22,2	118,4	95,5

1) Ab 1990: einschl. Berlin-Ost. – 2) Ab 1990: ohne Berlin-Ost. Würden die Ehescheidungen des Jahres 1990, die für Berlin-Ost festgestellt worden waren, in die Ergebnisse für die neuen Länder einbezogen, so ergäbe sich eine Zahl von 31 917 Ehescheidungen. – 3) Ab 1992: durchschnittliche Einwohnerzahl, sonst jeweils 30. Juni. – 4) Ausgehend von der Zahl der verheirateten Frauen am Jahresbeginn; 1990 Berlin-Ost: ausgehend von der Zahl der verheirateten Frauen am 31. Dezember 1990.

Tabelle 2: Ehescheidungen in Deutschland (Emmerling 2005, S. 1275)

Jahr	insgesamt	zusammen	1	2	3 und mehr	Betroffene Kinder Anzahl	je 1 000 Ehescheidungen
	Anzahl	% von Spalte 1	% von Spalte 2			Anzahl	je 1 000 Ehescheidungen
			Deutschland				
1975	148 461	62,3	55,5	30,0	14,5	154 316	1 039
1980	141 016	58,5	60,9	30,0	9,1	125 047	887
1985	179 364	57,5	63,7	30,3	5,9	148 424	828
1986	174 882	55,9	63,4	30,7	5,9	140 604	804
1987	180 490	56,3	63,3	30,8	5,9	146 516	812
1988	178 109	54,8	62,6	31,2	6,2	141 696	796
1989	176 691	54,0	61,7	31,8	6,5	139 746	791
1990	154 786	52,1	61,6	31,9	6,5	118 340	765
1991	136 317	49,3	61,1	31,8	7,2	99 268	728
1992	135 010	50,4	60,3	32,2	7,4	101 377	751
1993	156 425	52,3	58,9	33,4	7,8	123 541	790
1994	166 052	53,7	58,4	33,6	8,0	135 318	815
1995	169 425	54,7	57,2	34,3	8,5	142 292	840
1996	175 550	55,0	56,8	34,6	8,6	148 782	848
1997	187 802	55,9	55,9	35,1	9,0	163 112	869
1998	192 416	52,4	55,8	35,2	9,0	156 735	815
1999	190 590	48,2	55,2	35,5	9,3	143 728	754
2000	194 408	48,8	55,3	35,5	9,2	148 192	762
2001	197 498	49,6	55,0	35,9	9,2	153 517	777
2002	204 214	49,9	54,5	36,4	9,1	160 095	784
2003	213 975	50,4	54,1	36,5	9,4	170 256	796
2004	213 691	50,1	54,1	36,7	9,3	168 859	790

Tabelle 3: Ehescheidungen nach Zahl der noch lebenden minderjährigen Kinder diese Ehe (Auszug) (Emmerling 2005, S. 1280)

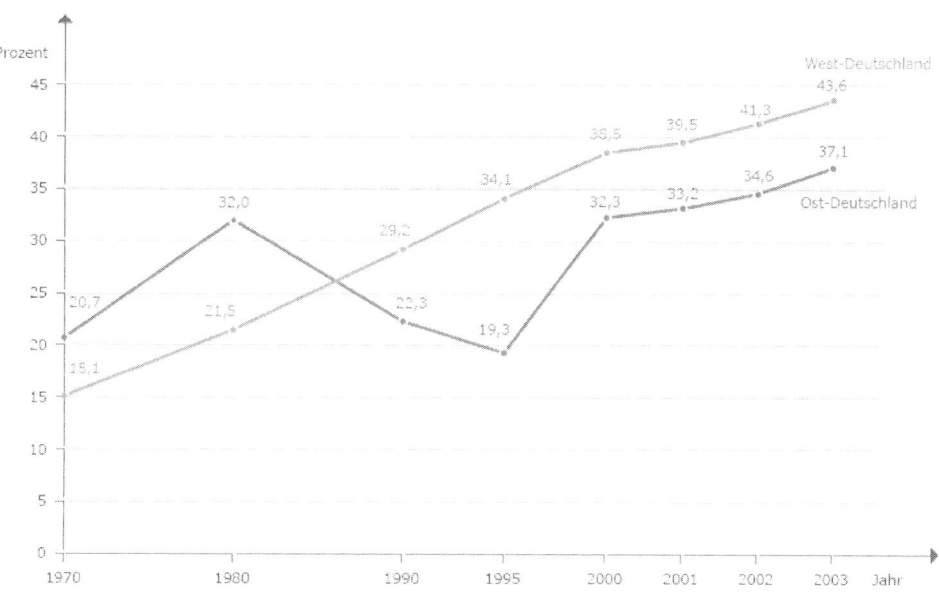

Abbildung 2: Entwicklung der Scheidungsrate in West- und Ost-Deutschland, in Prozent der Ehen (Bundeszentrale für politische Bildung 2005)

1190398R0

Printed in Germany by
Amazon Distribution
GmbH, Leipzig